Heilen
mit Edelsteinen

Bernhard Graf

Ein Wort zuvor	5

› EINFÜHRUNG

Die Magie der Edelsteine — 7

Die Entstehung der heilenden Steine	8
Minerale und Gesteine	9
Unser Körper: empfänglich für Schwingungsenergie	12
Unsere Sinne	13
Die Chakren	14
Edelsteine und Tierkreiszeichen	17
Die Heilkraft der Edelsteine	19
Die individuelle Schwingungsenergie	19
Die energetischen Wellen von Farben	20
Streifzug durch die Geschichte der Heilsteinkunde	21
Mineralstoffe	23
Die Kristallstrukturen	24

› PRAXIS

Auswahl, Pflege und Heilwissen — 27

Steine kaufen, aufbewahren und reinigen	28
Was Sie beim Kauf beachten sollten	28
Aufbewahrung	32
Reinigen und entladen	32
Aufladen	35
Den richtigen Stein finden	36
Intuitiv auswählen	36
Die Wirkung der ausgewählten Heilsteine	38
Zugang über die Kinesiologie	40
Die Heilkraft der Edelsteinelixiere	46
Wirkung	47
Innere Anwendung	47
Äußere Behandlung	48
Edelsteine und Schüßler-Salze	50
Konstitutionstherapie und Heilsteine	55

Edelstein-Lexikon — 57

Heilsteine von A bis Z	58
Achat (Botswana-Achat)	58
Amethyst – Apachenträne	59
Apophyllit – Aquamarin	60
Aragonit	61
Aventurin – Azurit	62
Baryt (Schwerspat)	63
Bergkristall – Bernstein	64
Biotitlinse	65
Boji (Pop Rock) – Calcit	66
Chalcedon	67

INHALT

Chiastolith	68
Chrysokoll – Chrysopras	69
Citrin – Coelestin (Aqua-Aura)	70
Diamant	71
Dioptas	72
Disthen (Cyanit) – Falkenauge	73
Fluorit (Flussspat) – Fuchsit	74
Gips (Selenit)	75
Girasol – Goldfluss	76
Granat	77
Halit (Steinsalz)	78
Hämatit (Blutstein) – Heliodor	79
Heliotrop (Hildegard-Jaspis) – Herkimer-Diamant	80
Howlith	81
Hyazinth (Zirkon)	82
Island- oder Doppelspat – Jade	83
Jaspis – Karneol	84
Labradorit (Spektrolith)	85
Lapislazuli – Larimar	86
Magnesit	87
Magnetit	88
Malachit – Meteorit	89
Moldavit – Mondstein – Moqui-Marbles (Eisenoolith)	90
Obsidian – Onyx	92
Opal	93
Orthoklas – Peridot (Chrysolith)	94
Prasem	95
Prehnit – Pyrit	96
Rauchquarz	97
Rhodochrosit – Rhodonit	98
Rosenquarz	99
Rubin (Karfunkel)	100
Rutilquarz – Saphir	101
Smaragd – Sodalith	102
Sphalerit (Zink- und Schalenblende)	103
Staurolith	104
Tigerauge – Tigereisen	105
Topas	106
Türkis – Turmalin	107
Unakit – Versteinertes Holz	108
Zoisit	109
Mineralstoffe und Heilsteine	110

› SERVICE

Zum Nachschlagen	**116**
Beschwerdenregister	116
Bücher, die weiterhelfen	122
Adressen, die weiterhelfen	122
Sachregister	124
Impressum	126
Das Wichtigste auf einen Blick	**128**

DER AUTOR

Dr. Bernhard Graf, geboren 1962 in Landshut, studierte Geschichte, Kunstgeschichte und Germanistik. Er lehrt als Hochschuldozent an verschiedenen Fakultäten der Ludwig-Maximilians-Universität in München und an der Technischen Universität in Darmstadt. Bekannt wurde er durch seine zahlreichen Ausstellungen und internationalen Publikationen, darunter die kulturgeschichtlichen Bücher *Zauber edler Steine – Kunst, Macht und Magie* sowie *Gems – The World's Greatest Treasures and their Stories*. Seit Jahren sammelt er Heilsteine und Minerale, erforscht deren Heilwirkung in Zusammenarbeit mit renommierten Ärzten und publiziert sein Fachwissen. Als Mitarbeiter des Bayerischen Rundfunks produziert er seit vielen Jahren Dokumentationen zu historischen, kunstgeschichtlichen und medizinischen Themen, darunter ein Film über die Kraft der Heilsteine.

Ein Wort zuvor

Der blutrote Rubin symbolisiert das Feuer der Liebe; der Saphir die Tiefen des Ozeans; der Smaragd die geheimnisvolle Schönheit eines Waldsees; der Diamant dagegen gleicht dem klaren Wasser eines Gebirgsbaches, ist geschliffen das funkelnde Abbild einer Sternennacht.

Doch es sind nicht nur die Kostbarkeit und die Schönheit der Edelsteine, die uns begeistern, sondern auch ihre heilende Wirkung auf Körper und Seele. Neben den klassischen vier Edelsteinen Rubin, Saphir, Smaragd und Diamant besitzen auch die Minerale von Achat bis Zoisit eine starke Heilkraft. Ein schützender Rosenquarz am Arbeitsplatz, ein belebender Hämatit oder ein beruhigender Chrysokoll, als Schmuck am Körper getragen oder in die Hosentasche gesteckt, schützt vor Computerstrahlen und lässt Müdigkeit, Lärm und Stress vergessen. Edelsteine lassen sich im Alltag vielfältig einsetzen: Sie schaffen durch ihre Schönheit und Ausstrahlung eine behagliche Umgebung zu Hause und sorgen für mehr Wohlbefinden, Ausgeglichenheit und Konzentration. Und sie dienen, ergänzend zur Medizin, zur Vorbeugung und Linderung unterschiedlichster Krankheiten – zum Beispiel wenn Sie mit den Steinen meditieren, sie auf schmerzende Körperstellen auflegen oder einige Tropfen Edelsteinessenz zu sich nehmen.

Mit diesem Buch möchte ich Ihnen die Geheimnisse der heilenden Edelsteine vermitteln, damit Sie schnell und einfach ihre Heilkraft erkennen und nutzen können. Sie erfahren, wie die Edelsteine auf Körper und Seele wirken, wie Sie sie auswählen, reinigen, aufladen und bei welchen Beschwerden Ihnen welche Steine Hilfe bieten. Ich wünsche Ihnen viel Freude beim Eintauchen in die wunderbare Welt der Minerale und Kristalle, beim Entdecken Ihrer Lieblingssteine und bei der praktischen Anwendung der Heilsteine.

Dr. Bernhard Graf

Die Magie der
Edelsteine

Schon im alten China, in Ägypten, Griechenland und im Römischen Reich wurden Edelsteine als Glücksbringer und als Heilmittel bei Beschwerden und Krankheiten eingesetzt. Zu allen Zeiten faszinierten und überzeugten die Edelsteine durch ihre Schönheit und Kraft. Wie sie entstehen, warum sie auf Körper und Seele wirken und welche Rolle dabei Licht und Farben, Mineralstoffe und Spurenelemente spielen, erfahren Sie in diesem Kapitel.

Die Entstehung der heilenden Steine

Unsere Erde bestand ursprünglich aus einer Gaswolke, die sich zu einem Nebel aus Staubpartikeln, dann zu einem Feuerball verdichtete. Der blaue Planet setzte sich aus einer ungeheuer heißen Schmelze zusammen. Daran hat sich bis heute nichts Wesentliches geändert – abgesehen davon, dass die dünne Erdkruste inzwischen abgekühlt ist. Sie verdeckt heute das flüssige, mehrere tausend Grad Celsius heiße Erdinnere, das Magma, zu dem der zweischichtige Erdmantel sowie der äußere und innere Erdkern gehören.
In der Nähe des Erdmittelpunkts ist die Gesteinsschmelze am wärmsten und damit auch leichter als die etwas kühleren Magmaströme, die sich weiter vom Kern entfernt bewegen. Dadurch drängt die heißeste Gesteinsschmelze vom Erdmittelpunkt weg und steigt in den Bereich des inneren und äußeren Erdmantels empor. Bisweilen durchbrechen die Magmaströme die erkaltete Erdkruste. Diese Bewegung wird durch Geysire und Vulkanausbrüche sichtbar, wenn kochend heißes Wasser oder glühend heiße Lava austreten.

Minerale und Gesteine

Minerale und Gesteine

Die Erdkruste ist zwar Millionen Jahre alt, sie verändert sich aber noch immer. Kontinente heben und senken sich, Wind und Wasser tragen Staub und Gestein ab und schichten beides an anderen Stellen wieder auf. Auch Minerale bilden sich noch heute überall auf der Welt. Sie entstehen allerdings so langsam (manche brauchen hunderttausende von Jahren), dass wir ihr Wachsen nicht bemerken. Es gibt gute Gründe, Minerale als »lebendige Organismen« zu betrachten. Wie Tiere oder Menschen sind sie dem Lebensrhythmus unterworfen. Sie wachsen, bilden sich zurück, lösen sich auf. Wenn Sie ein Mineral in der Hand halten, denken Sie immer daran, dass Sie keine tote Materie berühren. Die Steine leben, sie besitzen Ausstrahlung und spenden heilsame Schwingungsenergie (Seite 12). Der Abkühlungsprozess des Magmas geht seit Jahrmillionen in den oberen Erdschichten vor sich. Einzelne Bestandteile des Magmas, die infolge der Abkühlung nicht mehr im gelösten Zustand gehalten werden können, beginnen sich nach und nach abzusondern. Während dieser Abtrennung kann ein Nährboden zur Ausbildung von Kristallen entstehen. Je länger dabei der Abkühlungsprozess dauert, desto größer werden die einzelnen Kristalle. Handelt es sich bei den Absonderungen um chemisch und physikalisch einheitliche Bestandteile, die fest oder kristallisiert gestaltet sind, spricht man von einem Mineral. Mehrere Minerale zusammen bilden ein Gestein.

Magmatite

Gesteine und Minerale, die sich direkt aus dem Magma durch Abkühlung und Erstarrung entwickeln, nennen die Mineralogen Magmatite. Sie setzen sich zum einen aus den Vulkaniten zusammen, die an der Erdoberfläche ihre letzte Gestalt erhalten, und zum anderen aus den Plutoniten. Diese entstehen in der Tiefe der Erde und sind nach Pluto, dem Gott der antiken Unterwelt, benannt.

Vulkanite

Vulkanite bestehen meist aus feinkörnigen Substanzen und bilden nur winzige Kristalle aus. Manchmal fehlt ihnen der kristalline Aufbau, ein Hinweis auf die abrupte Abkühlung der Lava im eiskalten Wasser. Obsidiane sind zum Beispiel solche Vulkanite ohne kristalline Struktur.

DIE ENTSTEHUNG DER HEILENDEN STEINE

Vulkanite entstehen durch Abkühlung flüssiger Lava in kaltem Wasser.

Plutonite

Die Plutonite hingegen entwickeln sich zu verschiedenen Zeitpunkten in den tieferen Regionen des Erdinneren: Einerseits lässt sich eine Bildung von Plutoniten aus flüssigem Magma bei einer Temperatur zwischen 700 °C und 1100 °C unter sehr hohem Druck beobachten – das Ergebnis ist zum Beispiel der Rosenquarz (Seite 99) –, andererseits bilden sich Plutonite auch durch das Eindringen von Dämpfen und Gasen aus dem Magma in ein Nebengestein. Dieser Entstehungsprozess findet beispielsweise bei Topasen und Turmalinen statt (Seite 106–107). Außerdem besteht die Möglichkeit, dass sich im Wasser Stoffe lösen, wenn die Temperatur unter 357 °C sinkt. Zu dieser Kategorie der Plutonite zählen etwa die Heilsteine Fluorit (Seite 74) und Mondstein (Seite 90). Schließlich finden sich auch Plutonite, in deren porösen Nebengesteinen statt Magma Wasser mit geringerer Dichte geflossen ist, wobei sich in den Spalten und Rissen Minerale abgeschieden haben. So entstehen so genannte Ganggesteine, wo sich durch einen langsamen Abkühlungsprozess Kristalle ausbilden – wie Achate, Amethyste, Bergkristalle und Chalcedone (Seite 59, 64, 67).

Sedimente

Bestimmen Faktoren wie Druck, Hitze oder Geschwindigkeit der Abkühlung das Aussehen der Magmatite, so sind bei den Sedimenten andere Entstehungsprozesse zu beobachten: Zunächst lösen sich durch Erosion – Sonne und Hitze, Kälte und Frost, Wasser und Wind – kleine Splitter vom Ursprungsgestein. Rinnsale, Bäche und Flüsse nehmen sie mit sich und lagern sie in stehenden Gewässern ab. Diesen Vorgang bezeichnet man als Sedimentation. So entstehen Edelsteine wie Calcit (Seite 66) und Pyrit (Seite 96).

Minerale und Gesteine

Heilsteine wie Azurit, Chrysokoll, Malachit oder Türkis (Seite 62, 69, 89, 107) entwickeln sich andererseits durch Oxidation. Das heißt, in die entstandenen Ritzen des Ursprungsgesteins dringt Oberflächenwasser ein, das Sauerstoff, Kohlendioxid und Säuren mit sich führt. Dadurch lösen sich im Bereich der betroffenen Stellen Gestein und Minerale auf. Unterhalb des Grundwasserspiegels lässt sich die so genannte Zementation beobachten. Hier reduziert sich das Stoffgemisch zu einem chemischen Element, wie Kupfer oder Silber. Ein typisches Beispiel ist der Kupfer-Chalcedon.

Metamorphite

Die auf dem flüssigen Magma schwimmende Erdkruste setzt sich aus Schollen und Platten zusammen, die durch das Aufsteigen und Absinken der Magmaflüssigkeit ineinander geschoben werden. Dabei verbinden sich oftmals Gesteine oder Minerale unter Druck und Hitze mit dem Magma, ohne mit diesem zu verschmelzen – ein Vorgang der Gestaltverwandlung, der Metamorphose. Bei diesem Vorgang wird zwischen einer Regionalmetamorphose, dem Absinken von Gestein und Mineral in die Magmaflüssigkeit, und einer Kontaktmetamorphose, dem Aufsteigen des Magmas und seiner sich anschließenden Verbindung mit Mineralen und Gestein an der Erdoberfläche, unterschieden. Zur ersten Kategorie gehören die Heilsteine Granat, Jade und Zoisit (Seite 77, 83, 109). Zur zweiten zählen Rubin und Saphir. Erfolgt noch ein Stoffaustausch mit dem umliegenden Gestein, so spricht man von Metasomatose. So entstehen die Heilsteine Rhodonit und Tigerauge (Seite 98, 105).

> Sedimente sind Steinsplitter, die in Flüssen transportiert und abgelagert werden.

Unser Körper: empfänglich für Schwingungsenergie

Es ist physikalisch bewiesen, dass alle Materie – auch scheinbar unbelebte wie Holz, Metall oder Stein – aus Energie und Schwingung besteht. Deshalb sind wir in unserem Alltag stets positiven, negativen oder neutralen Schwingungen ausgesetzt. Negative Schwingungen verursachen in uns Unruhe, Nervosität und Stress, positive dagegen wirken beruhigend und ausgleichend. Da der menschliche Organismus sehr sensibel und durchlässig ist, lässt er sich leicht von außen beeinflussen – über seine Energiezentren, die auch Chakren genannt werden (Seite 14). Gerade diese Eigenschaft bildet die Grundlage der Heilsteinwirkung. Jeder Edelstein beeinflusst über mehrere Energieformen Körper und Seele: Je nachdem, welche Schwingungsenergie er besitzt, welche Farbe er hat, welche Mineralstoffe und Spurenelemente in ihm enthalten sind und nach welcher Kristallstruktur er aufgebaut ist, sendet er eine andere heilende Energie aus. Mehr zu den einzelnen Energieformen erfahren Sie ab Seite 19; zunächst aber möchte ich Ihnen beschreiben, wie wir die Schwingungsenergie der Steine überhaupt wahrnehmen.

Unsere Sinne

Alle Schwingungen, positive wie negative, wirken über objektive und subjektive Sinne sowie über die Intuition, auch »siebter Sinn« genannt, auf uns ein.

Die objektiven Sinne

Zur ersten Gruppe gehören die Sinneswahrnehmungen Riechen, Schmecken, Sehen, Hören und Fühlen. Sie lassen sich durch die Sinnesorgane Nase, Zunge, Augen und Ohren sowie durch die Hände gezielt kontrollieren. So können wir bewusst die Augen schließen, uns die Ohren und die Nase zuhalten oder uns von einer Berührung lösen.

Die subjektiven Sinne

Ganz anders verhält es sich mit der zweiten Gruppe, den subjektiven Sinnen. Man versteht darunter hochsensible Nervenzentren, so genannte Chakren. Diese können wir nicht kontrollieren. Auf jedes Chakra reagiert eine Drüse, die empfangene Schwingungsenergie verarbeitet und an Nerven und Organzellen weitergibt. Im Einzelnen sind das Bauchspeicheldrüse, Eierstöcke beziehungsweise Hoden, Thymusdrüse, Nebenschilddrüse, Schilddrüse, Hypophyse und Nebenniere.

Chakren sind Sinnesorgane, die alle Eindrücke von außen an den Hauptenergiekanal in der Nähe der Wirbelsäule weiterleiten. Der Hauptenergiekanal steht wiederum über Nervenfasern mit den Organen in Verbindung. Mit Hilfe der Energiefasern und dem Nervenhauptkanal gelangen die Informationen schließlich an das endokrine oder das vegetative Nervensystem. Durch das endokrine Nervensystem werden die chemischen Prozesse der Organe, des Gewebes und der Zellen gesteuert. Dies geschieht mit Hilfe von Enzymen und Hormonen. Dagegen reguliert das vegetative Nervensystem den Herzschlag und die Atmung.

Die Chakren bilden die energetischen Eingangstore unseres Körpers. Sie prägen unser Dasein, bestimmen unsere seelischen und physischen Lebensumstände. Mit Hilfe der richtigen Minerale können wir sie stärken und harmonisieren.

Die Intuition

Nicht zuletzt verfügt der Mensch über einen siebten Sinn; er ist gewissermaßen der Endpunkt der menschlichen Evolution, ein verbliebener Rest des tierischen Instinkts. Intuition ist die Fähigkeit, Zukünftiges zu erahnen, unbekannte Sachverhalte zu bewerten oder fremde Personen einzuschätzen. Diese Fähigkeit wird heute, im Zeitalter der Fakten, Daten und Zahlen, häufig unterschätzt. Die Möglichkeit, sich gefühlsmäßig richtig zu entscheiden, wird nur noch selten wahrgenommen. Erst im Nachhinein, wenn die Realität die innere Stimme bestätigt, bemerkt man häufig: »Das habe ich geahnt. Ich hatte dabei von Anfang an ein schlechtes Gefühl«. Wir sollten auch diese Sinnesebene unbedingt ernst nehmen, denn sie kann unser Leben bereichern. Viele Edelsteine wie Amethyst (Seite 59) und Saphir (Seite 101) haben die Eigenschaft, diesen siebten Sinn zu stärken.

Die Chakren

Seele und Körper lassen sich über die Chakren beeinflussen. Wir kennen sieben Hauptchakren, die bestimmte Eigenschaften besitzen. Sie sind über die passenden Minerale gut zu erreichen und zu beeinflussen.

Wurzelchakra

Das erste Chakra findet sich im Schambereich zwischen Anus und Genitalien. Es wird als Basis- oder Wurzelchakra bezeichnet und ist direkt mit der Nebennierenrinde und den Keimdrüsen (Eierstöcke, Hoden) verbunden. Das Wurzelchakra reguliert den Blutzuckerspiegel, den Eiweißstoffwechsel und den Zellaufbau. Ihm zuzuordnen sind der Dünn- und Enddarm, die Wirbelsäule und die Geschlechtsorgane. Zusätzlich ist das Wurzelchakra für die Potenz und Fortpflanzungsfähigkeit mitverantwortlich. Hier ist auch unser Durchsetzungsvermögen, unsere Lebenskraft, Standfestigkeit, Erdverbundenheit und unser Urvertrauen verankert. Störungen verursachen Erschöpfung, Darmstörungen und Unzufriedenheit. Das Basis- oder Wurzelchakra steht für das Leben an sich; ihm sind die Planeten Mars, Saturn und Pluto sowie die Farbe Rot zugeordnet.

Die Chakren

Bauchchakra

Unterhalb des Bauchnabels liegt das Bauchchakra. Es bezieht sich auf die Drüsen des Nebennierenmarks, die Blase, die Lymphe sowie die Geschlechtsorgane. Ebenso werden von hier aus die Ausscheidungsfunktionen des Körpers gesteuert, Reinigungs- und Entgiftungsprozesse können deshalb hier angeregt werden. Zudem fördert das Bauchchakra die Erotik, aber auch Ausdauer, Kreativität, Erfolg und Lebensfreude. Ein blockiertes Bauchchakra bedingt Schlaf- und Darmstörungen sowie Unterleibsbeschwerden. Das Chakra ist dem Mond und der Farbe Orange zugewiesen.

› Die sieben Chakren befinden sich genau auf der Körpermittellinie.

Solarplexuschakra

Unterhalb des Brustbeins befindet sich das Sonnengeflechts- oder Solarplexuschakra. Von hier aus wird das vegetative Nervensystem gelenkt und die Organe Bauchspeicheldrüse, Leber, Milz, Gallenblase, Nieren und der Magen werden beeinflusst. Das Solarplexuschakra fördert die Persönlichkeitsentfaltung, Ausgeglichenheit, Durchsetzungskraft und die Nahrungsverwertung über die Verdauungsorgane. Störungen im Bereich dieses Chakras äußern sich in einer Unterfunktion der Stoffwechselorgane, in Niedergeschlagenheit, Unwohlsein und Lustlosigkeit. Das Chakra ist der Sonne und der Farbe Gelb zugeordnet.

Herzchakra

Zwischen den beiden Brustwarzen wirkt das Herzchakra. Durch seine zentrale Position verbindet es die unteren Chakren, die vorwiegend auf der körperlichen Ebene wirken, mit den oberen, die den Körper seelisch beeinflussen.

EMPFÄNGLICH FÜR SCHWINGUNGSENERGIE

So unterstützt das Herzchakra die Verbindung von Körper, Geist und Seele. Es kontrolliert den Blutkreislauf, die Thymusdrüse und das Immunsystem. Herz und Lunge versorgt es mit Energie. Hier befindet sich das Zentrum der Gefühle, der Poesie, Treue und Lebensfreude. Ein blockiertes Herzchakra zieht Gefühllosigkeit und Resignation nach sich. Es steht mit der Sonne und der Venus in Verbindung und hat die Farbe Grün.

Halschakra

Im Bereich des Kehlkopfs sitzt das Halschakra. Es hilft, unsere Gedanken und Gefühle in Worte zu fassen, unsere Bewegung zu steuern. Es versorgt die Schilddrüse und Stimmbänder, die Luft- und Speiseröhre, den Lungen- und Kieferbereich, ist über die Schilddrüse auch für den Stoffwechsel verantwortlich und beeinflusst damit unseren Gemütszustand. Fehlfunktionen verursachen Krankheiten in der Region der Ohren, des Halses und der Bronchien. Verbunden ist dieses Chakra mit den Planeten Merkur, Venus und Uranus und der Farbe Hellblau.

Stirnchakra

In der Mitte der Stirn, oberhalb der Nasenwurzel, wirkt das Stirnchakra oder »drittes Auge« auf die Hypophyse, Zentrum unseres Drüsensystems, das alle Drüsen kontrolliert. Es reguliert die Funktion der Augen, Ohren, Stirn- und Nebenhöhlen, aber auch des Kleinhirns. Dieses Chakra bringt uns auf den Weg zu einem höheren Bewusstsein. Störungen führen zu Kopflastigkeit und übertriebenem Rationalismus. Das Stirnchakra unterliegt den Planeten Neptun und Uranus und hat die Farbe Dunkelblau.

Scheitelchakra

Ganz oben am Kopf liegt das Scheitelchakra. Von hier aus wird die Zirbeldrüse angeregt, die das Wachstum und die Geschlechtsreife beeinflusst. Hier entsteht kosmisches und ganzheitliches Bewusstsein. Blockiert verursacht es einen Energiestau, häufige Ursache für Kopfschmerzen und Migräne. Das Scheitelchakra ist dem Himmelszelt zugewandt, seine Farbe ist violett.

EDELSTEINE UND TIERKREISZEICHEN

Edelsteine Tierkreiszeichen zuzuordnen fußt auf einer sehr langen Tradition. Diese beruht auf den Erkenntnissen der altägyptischen, griechischen, römischen und vor allem mittelalterlichen Astrologie. Da die Zuordnungen jedoch sehr vage und allgemein gehalten sind, können sie nur als allererste Anhaltspunkte dienen. Im Folgenden finden Sie die Entsprechungen von Heilsteinen und Sternzeichen in der europäischen Entwicklungsgeschichte aufgelistet.

WASSERMANN – 21. JANUAR BIS 19. FEBRUAR
Planet **Uranus**
Farben **blau, metallisch**   Element **Luft**
Heilsteine **Aquamarin, Aragonit, Azurit, Boji, Chrysokoll, Fluorit, Larimar, Meteorit, Mondstein, blauer Topas, Türkis, Versteinertes Holz**

FISCHE – 20. FEBRUAR BIS 20. MÄRZ
Planet **Neptun**
Farben **violett, blau**   Element **Wasser**
Heilsteine **Amethyst, Fluorit, Moldavit, Mondstein, Opal**

WIDDER – 21. MÄRZ BIS 20. APRIL
Planet **Mars**
Farben **rot, rötlich**   Element **Feuer**
Heilsteine **Granat, Hämatit, Karneol, Rhodochrosit, Rhodonit, Rubin, roter Jaspis, Tigereisen**

STIER – 21. APRIL BIS 20. MAI
Planet **Venus**
Farben **erdfarben, grün**   Element **Erde**
Heilsteine **Achat, Aventurin, Biotitlinse, Chiastolith, Chrysokoll, Lapislazuli, Malachit, Peridot, Prehnit, Rauchquarz, Rosenquarz, Saphir, Selenit, Smaragd, Staurolith, Turmalin**

ZWILLINGE – 21. MAI BIS 21. JUNI
Planet **Merkur**
Farben **gelb, orange, grau**   Element **Luft**
Heilsteine **Achat, Bernstein, Chrysopras, Citrin, Tigerauge**

KREBS – 22. JUNI BIS 22. JULI
Planet	Mond		
Farben	violett, silberfarbig	Element	Wasser
Heilsteine	Chalcedon, Fuchsit, Halit, Jade, Opal, Prasem, Rhodochrosit, Rosenquarz, Smaragd		

LÖWE – 23. JULI BIS 22. AUGUST
Planet	Sonne		
Farben	weiß, gelb, goldgelb	Element	Feuer
Heilsteine	Achat, Baryt, Bergkristall, Diamant, Girasol, Howlith, Imperialtopas, Orthoklas, Tigerauge, weißer Topas		

JUNGFRAU – 23. AUGUST BIS 22. SEPTEMBER
Planet	Merkur		
Farben	beige, grün	Element	Erde
Heilsteine	Achat, Imperialtopas, Jaspis, Rutilquarz, Saphir, Tigerauge		

WAAGE – 23. SEPTEMBER BIS 22. OKTOBER
Planet	Venus		
Farben	grau, blau, bläulich	Element	Luft
Heilsteine	Aquamarin, Jade, Jaspis, Lapislazuli, Saphir, Smaragd, blauer Topas		

SKORPION – 23. OKTOBER BIS 21. NOVEMBER
Planet	Pluto, Mars		
Farben	rot, rötlich, grün	Element	Wasser
Heilsteine	Achat, Granat, Hämatit, Jaspis, Magnetit, Malachit, Obsidian, Rubin		

SCHÜTZE – 22. NOVEMBER BIS 20. DEZEMBER
Planet	Jupiter		
Farben	dunkelblau, violett	Element	Feuer
Heilsteine	Amethyst, Disthen, Lapislazuli, Obsidian, Saphir, blauer Topas, Türkis		

STEINBOCK – 21. DEZEMBER BIS 20. JANUAR
Planet	Saturn		
Farben	grau, schwarz	Element	Erde
Heilsteine	Bergkristall, Obsidian, Onyx, schwarzer Turmalin		

Die Heilkraft der Edelsteine

Edelsteine wirken auf verschiedene Weise auf den menschlichen Organismus: über ihre individuelle Schwingungsenergie, die Schwingungsenergie ihrer Farben, ihre Inhaltsstoffe (Mineralstoffe) und ihren kristallinen Aufbau.

Die individuelle Schwingungsenergie

Inspiriert von der Traditionellen Chinesischen Medizin (TCM) nehmen gegenwärtige Vertreter der westlichen Alternativmedizin an, dass jedes innere Organ mit einem oder mehreren Punkten auf der Hautoberfläche mittels des vegetativen Nervensystems verbunden ist. Über diese Stellen auf der Haut kann das betroffene Organ direkt angesprochen und stimuliert werden. Bei der Akupunktur erfolgt die Reizung durch eine oder mehrere Nadeln. Ähnlich verhält es sich auch in der Heilsteinkunde. Anstelle eines Stichs bringt ein auf die Haut aufgelegter Heilstein durch seine individuelle Schwingungsenergie über das vegetative Nervensystem das jeweilige Organ ins Gleichgewicht und beseitigt so die Beschwerden. Wie den Magnetismus kann man auch die Schwingungsenergie der Heilsteine nicht sehen – aber fühlen. Jeder Heilstein besitzt eine andere Schwingungsenergie. Manche Steine wirken abrupt und stark, andere sanft und langsam, wieder andere intensiv und lang anhaltend. Vielleicht wird es einige Zeit dauern, bis Sie es spüren können. Doch je länger Sie sich mit dieser Materie auseinander setzen, umso mehr nehmen Sie die Kräfte der Steine wahr und umso sensibler wird auch Ihr Körper sie aufnehmen.

Die energetischen Wellen von Farben

Die Farben der Edelsteine, unsichtbar in Form von Licht gebündelt oder regenbogenartig mittels eines Prismas gebrochen, dringen als energetische Wellen mit unterschiedlicher Frequenz in unseren Körper ein. Die Sinne und Chakren empfangen diese und leiten sie an die hochsensiblen Nervenfasern weiter. Über Energiekanäle gelangen die Wellen schließlich in alle Bereiche des Körpers und des Geistes. Die aus der wissenschaftlich anerkannten Licht- und Farbtherapie gewonnenen Erkenntnisse sind auch in der Heilsteinkunde von großer Bedeutung. Die heilende Schwingungsenergie der Farben können Sie am einfachsten anwenden, wenn Sie die Steine nach ihrer farblichen Zuordnung auf das entsprechende Chakra einwirken lassen – also zum Beispiel einen Citrin auf das Solarplexuschakra, dem die Farbe Gelb zugeordnet ist, oder einen Malachit auf das Herzchakra, dem die Farbe Grün entspricht. Natürlich wirkt die Heilenergie der Farbe aber auch an einer anderen Stelle.

> In einem Prisma bricht sich das Licht und wird in seine Spektralfarben zerlegt.

STREIFZUG DURCH DIE GESCHICHTE
DER HEILSTEINKUNDE

CHINA

In der Traditionellen Chinesischen Medizin (TCM) wird der legendäre Gelehrte Shennong als Vater der Natur- und Heilsteinkunde bezeichnet. Immer wieder erscheint er in Darstellungen, wie er Steine reibt, um daraus ein heilendes Mineralpulver zu gewinnen. Bereits vor 5500 Jahren sah er in den Jadeanhängern Symbole für die von den Göttern eingesetzte, unantastbare Ordnung der Welt.

INDIEN

Fast zeitgleich verrieten altindische Vasatischriften, dass in den Bauten der Induskultur die Naturgesetze der Raumenergie und die feinstofflichen Kräfte des Planetensystems in Form von Edelsteinen eine wichtige Rolle spielten.

ÄGYPTEN

Mit Alabaster und Granit, Türkis und Halit, Lapislazuli und Hämatit behandelten auch die Ärzte im alten Ägypten die Krankheiten der Pharaonen und hohen Würdenträger des Königshofes.

GRIECHENLAND

Der griechische Philosoph Platon (427–347 v. Chr.) glaubte, dass Karneole, Jaspisse und Smaragde das zukünftige Paradies zieren.

ROM

Der römische Universalgelehrte Plinius der Ältere (23–79 n. Chr.) war überzeugt von der vielseitigen Magie und Heilkraft der Steine, als er in seiner Naturgeschichte das gesamte Wissen der antiken Welt ausbreitete.

MITTELALTER

Zahllos waren auch im Mittelalter die Namen derer, die sich auf das Gebiet der Heilsteinkunde verstanden und ihre Kenntnisse in Schriften abfassten – unter ihnen der arabische Mediziner Ibn Sina Avicenna (980–1037), die Äbtissin Hildegard von Bingen (1098–1179), Bischof Albertus Magnus (um 1193–1280) oder der Baseler Stadtarzt Paracelsus (1493/4–1541).

Die Faszination der Edelsteine ist seit Menschengedenken ungebrochen.

DIE HEILKRAFT DER EDELSTEINE

Farben und ihre Bedeutung

❯ Die farblosen Heilsteine (Diamant, Bergkristall, Girasol, Herkimer-Diamant) fördern in uns Wohlbefinden, Klarheit, Vollkommenheit, kosmisches und ganzheitliches Bewusstsein. Sie wirken besonders über das Scheitelchakra.
❯ Gelbe Minerale (Bernstein, Citrin, Feueropal, gelbe Jade, gelber Jaspis, Imperialtopas, Orthoklas, Tigerauge) entfalten auf das Solarplexuschakra ausgerichtet ihre größte Wirkung. Sie unterstützen Kontaktfreude und heitere Lebensauffassung. Außerdem mildern sie Beziehungsängste.
❯ Für Ausgeglichenheit, Ruhe, Besonnenheit und Entspannung sorgen orangefarbene Heilsteine (Aventurin, Karneol). Sie wirken sehr sanft auf Körper und Seele ein, besonders über das Bauchchakra.
❯ Rosarote Edelsteine (Rhodonit, Rhodochrosit, Rosenquarz) stehen für Sanftmut. Sie erwecken in uns Empfindsamkeit, Zärtlichkeit und Liebe und fördern die Sensibilität für Schönheit, Wärme und Harmonie. Ihre Schwingungsenergie geben sie besonders gut an das Herzchakra weiter.
❯ Rote Minerale (Granat, Hämatit, roter Jaspis, roter Turmalin, Rubin) spenden Vitalität, Energie und Lebenskraft. Sie verleihen Zielstrebigkeit, Beständigkeit und Erotik und wirken besonders auf das Wurzelchakra.
❯ Grün symbolisiert Hoffnung und Neuanfang. Steine dieser Farbe (Aventurin, Chrysopras, Malachit, Peridot, Prasem, Smaragd) fördern Flexibilität und inneren Frieden. Sie entfalten ihre Kraft am besten über das Herzchakra.
❯ Den Drang nach Freiheit und Abenteuer, nach Unternehmungslust und Aufgeschlossenheit, nach Kommunikation und Bewegung unterstützen hellblaue Heilsteine (Aquamarin, Chalcedon, Coelestin, Larimar, Türkis). Sie werden in erster Linie vom Halschakra wahrgenommen.
❯ Im Gegensatz dazu stimmen dunkelblaue Minerale (Azurit, blauer Turmalin, Lapislazuli, Saphir) uns auf das höhere Sein und auf die Achtung menschlicher Würde ein. Diese Informationen empfängt das Stirnchakra.
❯ Die Schwingungsenergie violetter Heilsteine (Amethyst) inspiriert unsere Seele, wirkt befreiend und fördert zugleich, besonders über das Scheitelchakra, Hingabe und Bindungsbedürfnisse.
❯ Schließlich nehmen schwarze Minerale (Falkenauge, Obsidian, Onyx) die gesamte Lichtenergie in sich auf. Sie fördern Konzentration, Perfektion und Zielbewusstsein, vor allem über das Bauchchakra.

Mineralstoffe

Mineralstoffe

Mineralstoffe spielen neben der individuellen Schwingungsenergie der Heilsteine und den energetischen Wellen ihrer Farben eine weitere entscheidende
Rolle. Wie im menschlichen Organismus befinden sich in den Steinen chemische Elemente. In unserem Körper sind diese Mineralstoffe und Spurenelemente wichtige Bausteine, ohne die wir nicht leben können. Beispiele für lebens-
notwendige Elemente sind Calcium, Jod, Eisen, Mangan, Magnesium und
Natrium. Spurenelemente wie Silicium, Fluor, Zink, Chlor und Zinn gehören
zu den funktionsunterstützenden beziehungsweise -fördernden Elementen.
Die Mineralstoffe bewirken ein gesundes Wachstum und einen geregelten
Blutdruck, sichern unser Säure-Basen-Gleichgewicht, steuern die Hormone
und Enzyme und unterstützen die Sauerstoffaufnahme sowie unseren Stoffwechsel. Sie stärken nicht zuletzt die hochkomplizierten und sensiblen Funk-
tionen des Nervensystems.
Heilsteine, die mehrere Spurenelemente enthalten und in Form von Schwingungsenergie an uns abgeben, haben eine besonders starke Wirkung. Dazu
gehören beispielsweise Smaragd, Calcit, Apophyllit, Lapislazuli und Fluorit,
wie Sie der Übersicht unten entnehmen können.

HEILSTEINE MIT BESONDERER WIRKUNG

Stein	Mineralstoffe und Spurenelemente
Smaragd	Aluminium, Beryllium, Kalium, Chrom, Lithium, Natrium, Sauerstoff und Silicium
Calcit	Blei, Calcium, Eisen, Kobalt, Magnesium, Mangan und Strontium
Apophyllit	Eisen, Fluor, Kalium, Natrium und Silicium
Lapislazuli	Aluminium, Natrium, Schwefel und Silicium
Fluorit	Calcium, Chlor und Fluor

Wenn Sie unter Mangelerscheinungen leiden, sehen Sie bitte in der Übersicht auf
Seite 110–115 nach. Dort finden Sie zu jedem Mineralstoff die entsprechenden Steine,
die Ihnen weiterhelfen können.

INFO

DIE KRISTALLSTRUKTUREN

Der Aufbau der Edelsteine ist ebenfalls von Bedeutung für ihre Wirkung auf den Organismus. So gibt es verschiedene Kristallstrukturen, die unterschiedliche Schwingungsenergien bilden. Diese, aber auch die amorphen (gestaltlosen) Strukturen, erzielen innerhalb der ganzheitlichen Ausstrahlungskraft des Steins eigene Wirkungen.

RHOMBISCHES KRISTALLSYSTEM
Edelsteine mit rautenförmiger Struktur wirken der inneren Haltlosigkeit und Leere sowie dem übertriebenen Anlehnungsbedürfnis gegenüber einem Partner entgegen, sie mildern Verstimmungen und verstärken die Kraft, eigene Ideen zu realisieren.
Heilsteine: Aragonit, Baryt, Chiastolith, Coelestin, Moqui-Marbles, Peridot, Prehnit, Staurolith, Topas, Zoisit

TRIGONALES KRISTALLSYSTEM
Minerale mit dreieckigem Kristallsystem mildern Oberflächlichkeit und Gleichgültigkeit und fördern das Einfühlungsvermögen.
Heilsteine: Achat, Amethyst, Aventurin, Bergkristall, Calcit, Chalcedon, Chrysopras, Citrin, Dioptas, Falkenauge, Girasol, Hämatit, Heliotrop, Herkimer-Diamant, Jaspis, Karneol, Magnesit, Onyx, Prasem, Rauchquarz, Rhodochrosit, Rosenquarz, Rubin, Rutilquarz, Saphir, Tigerauge, Tigereisen, Turmalin, Versteinertes Holz

KUBISCHES KRISTALLSYSTEM
Heilsteine mit würfelförmigen Kristallen helfen, sich aus festgefahrenen Lebenssituationen zu befreien, sie fördern Flexibilität, Spontaneität, Empfindungskraft und Selbstreflexion.
Heilsteine: Boji, Diamant, Fluorit, Granat, Halit, Lapislazuli, Magnetit, Meteorit, Pyrit, Sodalith, Sphalerit

TRIKLINES KRISTALLSYSTEM
Heilsteine mit trikliner, das heißt trapezförmiger Kristallstruktur gleichen Stimmungsschwankungen, Passivität, Opferhaltung und Misstrauen aus.
Heilsteine: Disthen, Labradorit, Larimar, Rhodonit, Türkis

MONOKLINES KRISTALLSYSTEM
Monokline, also parallelogrammförmige Minerale beseitigen Unbeständigkeit, Rastlosigkeit und Beeinflussbarkeit. Sie stärken das Selbstwertgefühl und helfen bei Entscheidungsschwierigkeiten und Resignation.
Heilsteine: Azurit, Biotit, Chrysokoll, Fuchsit, Howlith, Jade, Malachit, Mondstein, Orthoklas, Selenit (Gips), Unakit

TETRAGONALES KRISTALLSYSTEM
Edelsteine mit rechteckigem Kristallsystem helfen uns, eine Fassade abzulegen und uns anderen Menschen gegenüber zu öffnen. Damit wirken sie innerer Einsamkeit und Niedergeschlagenheit entgegen.
Heilsteine: Apophyllit, Hyazinth (Zirkon)

HEXAGONALES KRISTALLSYSTEM
Edelsteine mit sechseckigem Kristallsystem mildern Erschöpfung, Ungeduld, Hektik und Stress, schenken Ruhe, Offenheit und Sinnerfüllung.
Heilsteine: Aquamarin, Heliodor, Smaragd

AMORPHE STRUKTUREN
Manche Heilsteine sind ohne kristalline Struktur. Das liegt entweder an ihrer Entstehung (siehe Vulkanite, Seite 9) oder daran, dass bei ihnen zu viele unterschiedliche Grundelemente vorhanden sind. Die Minerale sind daher amorph (gestaltlos). Edelsteine mit amorphem Aufbau fördern Spontaneität und Kreativität. Sie mildern Aggressivität, Destruktivität und Apathie.
Heilsteine: Apachenträne, Bernstein, Girasol, Moldavit, Obsidian, Opal

INFO

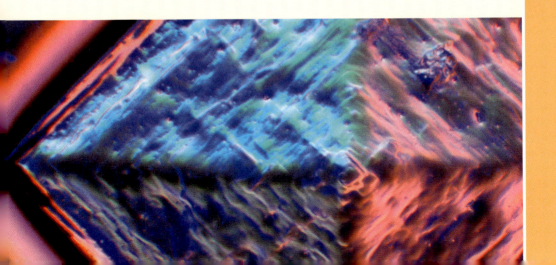

PRAXIS

Auswahl, Pflege
und Heilwissen

Wo kaufe ich am besten einen Heilstein?
Wie wähle ich meine Steine aus und wie
wende ich sie richtig an? Wie pflege und
reinige ich meine Edelsteine, wie lade ich
sie mit Energie auf? Im folgenden Kapitel
finden Sie die Antworten auf diese und viele
andere Fragen zum praktischen Umgang mit
heilenden Steinen.

Steine kaufen, aufbewahren und reinigen

Heilsteine gibt es in Mineralien- und Schmuckläden, in Edelstein- und Esoterikgeschäften, beim Juwelier und manchmal sogar in Buchläden zu kaufen. Die größte Auswahl jedoch haben Sie auf den weit verbreiteten Mineralienbörsen. Dort stellen Sammler und Großhändler ihre umfangreiche Auswahl an Steinen zum Verkauf aus.

Grundsätzlich gilt: Beim Kauf sollte nicht der Preis entscheidend sein. Nicht auf den Wert des Heilsteins kommt es an, sondern ob er Sie weiterbringt und ob er mit Ihrem Innern kommuniziert.

Was Sie beim Kauf beachten sollten

Die Entscheidung, wo Sie Ihre Heilsteine erwerben, richten Sie am besten nach Ihrem Gefühl.

› Kaufen Sie dort, wo Sie sich wohl fühlen, wo man Sie gerne und gut berät, wo Sie den Stein, der Ihnen zusagt, anfassen dürfen und wo Sie das Gefühl haben, dass man mit den Heilsteinen fürsorglich und vorsichtig umgeht. Dies zeigt sich an der Art, wie die Minerale präsentiert werden, in welchem Zustand sie vor Ihnen liegen.

Was Sie beim Kauf beachten sollten | PRAXIS

> Falls Sie nicht sicher sind, fragen Sie beim Händler nach, ob Sie einen echten Stein in der Hand halten oder ob dieser auf künstliche Weise aus Glas oder Plastik hergestellt wurde. Ein seriöser Verkäufer wird Ihnen eine ehrliche Auskunft über das Produkt geben: ob es sich um ein Imitat handelt, um eine Dublette, bei der nur eine dünne Edelsteinschicht aufgeklebt ist, oder um eine Triplette, bei der eine Edelsteinschicht zwischen zwei künstlich hergestellte, durchsichtige Schichten eingeklebt ist.

> Wenn es sich um Schmuck handelt, sollten Sie sich den Stein hinsichtlich seiner Verarbeitung, Oberflächenbeschaffenheit und Zeichnung ansehen, denn diese Qualitätskriterien bestimmen den Preis. Achten Sie bei Kugelketten darauf, dass die hineingebohrten Löcher gerade und sauber gebohrt sind, die Größe der einzelnen Kugeln identisch ist. Auch die Qualität der einzelnen Steinkugeln der Kette sollte einheitlich hoch sein.

> Bisweilen werden falsche Namen angegeben, um einen höheren Wert zu suggerieren. So wird beispielsweise ein aus schlechtem Amethystmaterial gebrannter Citrin häufig als Goldtopas verkauft.

> Nehmen Sie den Stein, der Ihnen gefällt, in die Hand und prüfen Sie in Ruhe seine Qualität: Ist er ohne Kratzer, abgebrochene Spitzen, sonstige Verletzungen? Halten Sie ihn eine Weile fest und achten Sie darauf, wie er sich anfühlt. Edelsteine, die Ihnen gut tun, erwärmen sich schnell in der Hand. Steine, die kühl bleiben, haben zumeist keine große Wirkung auf Sie. Manchmal ist die Schwingungsenergie (Seite 19) des Steins so stark, dass Sie ein Kribbeln oder ein Pochen in Ihrer Hand spüren können.

Die Verarbeitungsformen

Edelsteine haben unterschiedliche Verarbeitungsformen:

> Es gibt Rohsteine, die ganz in ihrer ursprünglichen Form belassen wurden oder nur eine polierte Seite besitzen.

> Trommelsteine dagegen, auch Handschmeichler genannt, werden in Schleif-

FARBECHTER ODER »VERBESSERTER« STEIN?

Manche Händler meinen, die Natur noch verbessern zu können, und färben die Heilsteine sogar mit künstlichen Farben. Das ist an den kleinen Spalten der Steine zu erkennen, die die Farben in konzentrierter Weise aufgenommen haben und dunkler erscheinen. Dies lässt sich vor allem bei Achaten, Lapislazulis, Rosenquarzen und Rubinen feststellen. Durch Hitzebehandlung lässt sich die Farbintensität etwa von Rauchquarzen, blauen Topasen, Turmalinen intensivieren, wodurch diese teurer verkauft werden können.

INFO

STEINE KAUFEN, AUFBEWAHREN UND REINIGEN

trommeln rundpoliert. Sie sind leichter in die Hand zu nehmen und fühlen sich sanft und angenehm an. Durch die glatte Oberfläche zeigt sich die Zeichnung und die Farbenpracht des jeweiligen Heilsteins. Besonders deutlich lässt sich das bei einem Labradorit beobachten, da erst im geschliffenen Zustand sein ganzes Farbspektrum sichtbar wird.

❯ Falls Sie die Heilwirkung der Edelsteine mit Eleganz verbinden wollen, ist der Kauf eines Anhängers, einer Brosche, einer Kette oder eines Ringes genau das Richtige.

❯ Geschliffene Formen wie Kugeln, Pyramiden, Obeliske oder Tierfiguren eignen sich für viele Zwecke: zum Meditieren, für einen Steinkreis (Seite 31) oder wenn Sie die Heilwirkung eines Steines mit einer dekorativen Raumgestaltung verbinden wollen.

Anwendungsmöglichkeiten

Die Entscheidung für die richtige Steinform fällt Ihnen leichter, wenn Sie sich überlegen, für welchen Zweck Sie den Heilstein verwenden möchten.

Heilsteine tragen

Falls Sie einen Heilstein nur bei sich tragen wollen, ist die Verarbeitungsform eher zweitrangig. Rohsteine sind ebenso geeignet wie Handschmeichler. Anders bei direktem Hautkontakt mit dem Edelstein für eine noch intensivere Wirkung: Zu diesem Zweck eignen sich Anhänger, Ketten, Donuts (Steinscheiben mit einem Loch in der Mitte) und Trommelsteine. Wenn Sie Edelsteine auch auf ein bestimmtes Chakra einwirken lassen wollen, müssen Sie auf deren Gewicht achten, damit Sie es während der Anwendung als angenehm empfinden. Zusätzlich sollten Sie sich für ein flaches Exemplar entscheiden, damit es stabil auf der vorgesehenen Körperregion aufliegen kann.

TIPP

STEINE AUF EIN CHAKRA EINWIRKEN LASSEN

Wenn Sie sich entschlossen haben, einen Heilstein über ein bestimmtes Chakra einwirken zu lassen, legen Sie sich am besten in einer ruhigen, meditativen Umgebung bequem hin. Positionieren Sie den Stein an der jeweiligen Körperstelle so, dass er möglichst stabil auf Ihrer Haut aufliegt. Der Heilstein sollte so lange über das jeweilige Chakra auf den Körper einwirken, bis Sie merken, dass seine Schwingungsenergie nachlässt, das heißt, dass das durch ihn verursachte Kribbeln beziehungsweise seine lindernde Wärme oder Kälte verschwindet. Je nach Bedürfnis können Sie nach dem Reinigen des Minerals den Vorgang wiederholen.

Was Sie beim Kauf beachten sollten **PRAXIS**

Heilsteine aufstellen

Eine weitere Verwendungsmöglichkeit ist das Aufstellen des Heilsteins in Ihrer Umgebung. Um hier eine Heilwirkung zu erzielen, sollten Sie sich für ein größeres Exemplar entscheiden, damit der Heilstein das energetische Feld beeinflussen kann. Nur dann können sich Ihr Denken, Handeln und Ihre Empfindung ändern und Ihr körperlicher und seelischer Zustand verbessern.

Wenn Sie Steine suchen, um einen Steinkreis zu bilden – sei es, um dessen positive Schwingungsenergie aufzunehmen oder um darin zu meditieren –, ist Folgendes zu beachten: Die Steine sollten sich in etwa 15 Zentimeter Abstand von Ihrem Körper und in etwa 20 Zentimeter Abstand zueinander befinden. Zu diesem Zweck eignen sich Rohsteine genauso wie Trommelsteine, die sich aus Kostengründen vielleicht eher anbieten.

Ein Elixier herstellen

Sie können Heilsteine auch zum Herstellen von Edelsteinelixieren (Seite 48) einsetzen. Achten Sie beim Einkauf darauf, dass der Stein die richtige Größe hat, um ihn in eine entsprechend große Glasschale legen zu können. Je nach chemischer Zusammensetzung geben die Heilsteine ihre Mineralstoffe in größerer oder kleinerer Menge an das Wasser oder die alkoholische Flüssigkeit ab. Beim Magnesit zum Beispiel lässt sich bald ein erheblicher Gewichtsverlust bemerken. Des-

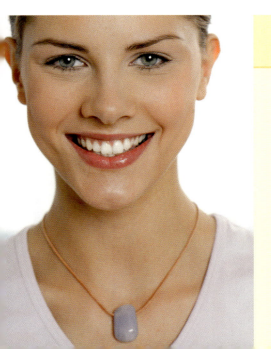

VIELSEITIG ANZUWENDEN

Die Anwendungsformen sind so unterschiedlich wie Ihre Bedürfnisse. Wenn es nur ums Wohlfühlen geht, umgeben Sie sich einfach mit Steinen in Ihrer Wohnung oder tragen Sie sie um den Hals, am Finger oder in der Hosentasche. Haben Sie Beschwerden, wählen Sie den Edelstein analytisch nach seiner Heilwirkung aus, etwa über das Beschwerdenregister (ab Seite 116) oder die Tabelle mit Mineralstoffen (ab Seite 110). Oder Sie sehen im Edelstein-Lexikon von A bis Z (ab Seite 58) nach, welcher Stein welche Wirkung hat. Dort ist auch beschrieben, auf welches Chakra er besonders wirkt und wie lange Sie ihn anwenden sollten.

INFO

STEINE KAUFEN, AUFBEWAHREN UND REINIGEN

halb sollten Sie zu diesem Zweck weniger wertvolle, kleinere Steine kaufen (weitere Tipps zu Edelsteinelixieren ab Seite 46).

Aufbewahrung

Sicher werden Sie für den Heilstein einen Ort in Ihrer unmittelbaren Umgebung suchen, sodass er für jede Art der Anwendung verfügbar ist: zur Meditation, zur Einbindung in einen Steinkreis, zur Beruhigung Ihres Schlafes, zur Neutralisierung von Computerstrahlen oder zur Dekoration.

Das Fensterbrett, obgleich die Sonne die Edelsteine durch ihr Licht vollkommen zur ästhetischen Entfaltung bringt, eignet sich nicht als Aufbewahrungsort, denn so manche Edelsteine wie Rosenquarz, Türkis, Amethyst, Opal und Topas leiden unter den Sonnenstrahlen, verlieren ihre Farbintensität und verblassen. Regelrecht gefährlich sind Bergkristallkugeln am Fenster, denn sie wirken bei Sonneneinstrahlung wie Linsen und können darunter- oder dahinterliegende Gegenstände durch das gebündelte Licht entzünden.

Reinigen und entladen

Äußere Reinigung

› Verwenden Sie zur äußeren Reinigung der Heilsteine immer einen Pinsel oder Straußenfedern, um den angesammelten Staub zu entfernen. Falls eine gründliche

› Reinigen Sie Steine möglichst mit mineralarmem Wasser; so vermeiden Sie Kalkablagerungen und Wasserränder.

Reinigung mit lauwarmem Wasser notwendig werden sollte, setzen Sie dafür mineralarmes Wasser ein, um hässliche Wasserränder und Kalkablagerungen zu vermeiden. Bedenken Sie auch, dass vor allem eisenhaltige Minerale auf das Wasser reagieren und zu rosten beginnen; ein Beispiel dafür ist der Heilstein Magnetit.

Energetische Reinigung

Neben der äußeren Reinigung sollten Sie die Heilsteine auch energetisch säubern. Denn wenn Sie seine Schwingungsenergie nutzen, um Beschwerden loszuwerden, oder ihn bei einer unangenehmen Situation als seelische Unterstützung bei sich haben, nimmt er die negativen Energien auf und muss später davon gereinigt werden. Die Entladung kann auf unterschiedliche Weise erfolgen.

Reinigen mit Wasser

> Lassen Sie kühles Wasser so lange über Ihren Stein laufen, bis Sie das Gefühl haben, dass er die Behandlungswärme beziehungsweise -kälte wieder verloren hat. Dann lassen Sie ihn an der Luft trocknen.
Bitte verwenden Sie auf keinen Fall Putzmittel oder Haushaltsreiniger, denn diese können eventuell Ihrem Heilstein schaden; seine Farbe oder Form könnte sich ändern, eventuell kann er sogar seine Heilwirkung verlieren.

Reinigen mit Steinen und Salz

Eine wirkungsvolle Reinigung erreichen Sie auch, wenn Sie den Heilstein auf eine Amethyst-Druse (eine Druse ist ein Hohlraum im Gestein, dessen Wände mit Kristallen ausgekleidet sind) zwischen Hämatit-Trommelsteine oder in Salz legen. Damit löschen Sie alle Informationen, die eine weitere Anwendung in Frage stellen könnten. Im schlimmsten Fall kann der Heilstein nämlich auch die Schwingungsenergien von Krankheiten gespeichert haben.

> Mit der Amethyst-Druse entscheiden Sie sich für die sanfteste Methode. Enthaltene Eisenpartikel und die Kulmination der Energie im Amethyst löschen binnen eines Tages die unerwünschten Informationen Ihres Heilsteins. Die im Amethyst verteilten Eisenpartikel helfen, andere Heilsteine zu entladen. Sie durchbrechen die negativen Energiefelder der benutzten Heilsteine. Wenn Sie sie länger in der Druse liegen lassen, schadet es auch nicht.

> Auch bei Hämatit-Trommelsteinen helfen Eisenpartikel, die negativen Energiefelder zu sprengen. Die Trommelsteine sind in Form kleinster Splitter erhältlich. Geben Sie drei bis vier Hände voll Splitter in ein Gefäß; diese reichen aus, um auch größere Steine zu entladen. Die Hämatitsplitter müssen den zu reinigenden Heilstein auch nicht komplett umschließen. Sie sollten ihn nur gut zwischen die Hämatit-Splitter einbetten.

STEINE KAUFEN, AUFBEWAHREN UND REINIGEN

> Salz müssen Sie jedoch entschieden vorsichtiger einsetzen, denn bisweilen leitet es chemische Prozesse ein und greift die Oberfläche Ihres Heilsteins an. Er verliert so seinen Glanz. Besonders Opale werden durch dieses Verfahren geschädigt. Um eine chemische Reaktion zu vermeiden und dennoch eine vollständige Reinigung durchzuführen, geben Sie das Salz in eine große Schale, in die Sie wiederum einen kleinen, mit Wasser gefüllten Glasbehälter stellen, in den Sie den Heilstein legen. Auf diese Weise kann das Salz, ohne direkt mit dem Mineral in Verbindung zu kommen, trotzdem seine reinigende Wirkung entfalten.

Bei weiterer Verwendung sollten Sie das mineralarme Wasser immer wechseln. Das Salz jedoch können Sie über einen längeren Zeitraum verwenden. Die Reinigungszeit bei dieser Anwendung ist vergleichsweise kurz. Nach vier bis sechs Stunden ist jegliche negative Information gelöscht. Länger aber sollte diese Methode nicht angewendet werden. Sie vermindert sonst die Schwingungsenergie Ihres Heilsteins.

Reinigen im Rauch

> Zünden Sie ein Räucherstäbchen mit Ihrem Lieblingsduft an und halten Sie den Stein ein paar Minuten in den aufsteigenden Rauch. Drehen Sie ihn dabei hin und her, sodass ihn der Rauch von allen Seiten umfließen kann. Dabei stellen Sie sich ganz intensiv vor, wie mit dem Rauch alles Negative, Fremde herausgelöst, mitgenommen und quasi »in Luft aufgelöst« wird.

> Mit Räucherkohle und getrockneten Kräutern wie Salbei, Zeder oder Lavendel können Sie auch ein großes Räucherritual durchführen. Setzen Sie dazu die Räucherkohle (erhältlich in Esoterikläden und manchmal auch in Kerzenfachgeschäften) auf einen feuerfesten Unter-

> Bei der Reinigung dürfen die Edelsteine nicht mit Salz in Berührung kommen.

Aufladen PRAXIS

grund. Besonders schön ist ein Kupferkessel oder eine große Muschel, wie sie bei indianischen Räucherungen gerne benutzt wird, aber eine Tonschale tut es auch. Zünden Sie die Kohle an, warten Sie, bis sie glüht, und legen Sie dann die getrockneten Kräuter darauf. Die Rauchentwicklung ist um einiges intensiver als beim Räucherstäbchen – der Geruch dementsprechend auch. Dieses »große Räuchern« hat allerdings auch eine intensivere Wirkung und eignet sich gut, um mehrere Steine gleichzeitig zu reinigen. Fächeln Sie dazu mit der Hand oder mit einer Feder den Rauch über die Steingruppe, die Sie reinigen wollen.

Aufladen

Nach der Reinigung Ihrer Heilsteine müssen diese wieder aufgeladen werden. Dazu können Sie Ihre Steine den kräftigen Strahlen der Sonne oder dem sanften Licht des Mondes aussetzen. Amethyste, Rosenquarze, Topase, Türkise und Opale bitte nur ins Mondlicht legen, bei allen anderen Steinen können Sie nach Gefühl entscheiden, was für sie besser ist.
> Am wirkungsvollsten ist es, die Steine schon zwei Nächte vor Vollmond auf den Balkon oder die Fensterbank zu legen. So haben sie drei Nächte Zeit, um sich aufzuladen und Energie zu speichern. Wenn Sie die Steine in die Sonne legen, sind Morgen- und Abendsonne ideal.

> Eingebettet in Bergkristalle, werden Steine energetisch wieder aufgeladen.

> Zum Aufladen eignen sich auch Bergkristalle ausgezeichnet: Legen Sie Ihren Stein in die Mitte einer Bergkristallstufe oder ins Zentrum mehrerer Bergkristalle, deren Spitzen Sie auf Ihren Stein ausrichten. Oder nehmen Sie kleinste Bergkristall-Trommelsteine, die in Tütchen hundertgrammweise zu kaufen sind. Geben Sie diese in eine Glasschale und legen Sie Ihren Stein hinein, sodass er eingebettet oder – noch besser – ganz umschlossen ist.

35

Den richtigen Stein finden

Wenn Sie eine kleine Edelsteinauswahl beisammen haben, können Sie nun Ihre ganz persönlichen Heil- und Schutzsteine bestimmen. Setzen Sie dazu die mentalen Kräfte ein, die in Ihnen wie in jedem Menschen vorhanden sind. Vertrauen Sie dabei ganz Ihrem Gefühl. Ihr eigener Körper ist immer noch der beste Arzt und Heiler. Nehmen Sie sich als Erstes genügend Zeit für eine Meditation. Dann wird Ihnen Ihr Körper schon selbst zeigen, was ihm fehlt und was ihm gut tut.

Intuitiv auswählen

› Ziehen Sie sich bequem an, dimmen Sie das Licht, legen Sie Entspannungsmusik auf und breiten Sie die Heilsteine, die Sie besitzen, vor sich aus. Legen Sie sich hin und entspannen Sie sich.

› Konzentrieren Sie sich mit geschlossenen Augen auf Ihren Körper. Erspüren Sie von den Spitzen Ihrer Zehen bis zu den äußeren Enden Ihrer Finger die einzelnen Körperteile und beenden Sie Ihre Meditation am obersten Bereich Ihres Kopfes.

Intuitiv auswählen **PRAXIS**

> Sagen Sie immer wieder zu sich: »Ich bin ganz ruhig«, »Ich lasse alle Last von mir abfallen«, »Ich bin mit meinem Körper ganz eins«.

Seelenstein

> Wenn Sie das Gefühl haben, ganz entspannt zu sein, setzen Sie sich aufrecht hin und konzentrieren sich auf die vor Ihnen ausgebreiteten Heilsteine. Überlegen Sie nicht lange, welche Steine Sie vor sich liegen haben, welche Wirkungen ihnen zugeschrieben werden, welchen Namen sie tragen. Lassen Sie Ihren Blick darüber kreisen und greifen Sie spontan nach dem Stein, der Ihnen ins Auge springt. Damit haben Sie Ihren ersten persönlichen Heilstein, den so genannten Seelenstein intuitiv ausgewählt. Bald werden Sie spüren, dass es nicht nur eine ästhetische Entscheidung war.
Erst mit der Zeit wachsen Gespür und Intuition. Seien Sie also nicht frustriert, wenn es anfangs nicht gleich klappt. Sie müssen sich erst für die Welt der Heilsteine und ihre Schwingungsenergie öffnen. Mit etwas Übung geht es bald wie von selbst.

Aurastein

> Im Gegensatz zum Seelenstein, den Sie mit den Augen ausgewählt haben, können Sie den so genannten Aurastein durch Ihren Spürsinn entdecken. Um sich ganz und gar auf Ihre Hände konzentrieren zu können, verbinden Sie sich die Augen. Ein Freund/eine Freundin oder Ihr Partner/Ihre Partnerin verändert dann die Anordnung der vor Ihnen liegenden Heilsteine. Lassen Sie jetzt Ihre Hände langsam darüber kreisen, ohne sie jedoch zu berühren. Damit verhindern Sie, dass Sie sich durch das Ertasten der Form an einen bestimmten Stein erinnern. Wenn Sie während des Kreisens in ein energetisches Feld geraten und sich das Gefühl in Ihren Händen verändert, lassen Sie die Hände sinken und greifen zu. Auf diese Weise haben Sie sich für den zweiten persönlichen Stein, den Aurastein, entschieden. Seien Sie nicht enttäuscht, wenn Sie anfangs wenig spüren oder danebengreifen. Die Sensibilität, mit den Händen Schwingungsenergien zu erspüren, entwickelt sich oft erst nach und nach.

IMMER WIEDER NEU AUSWÄHLEN

Die Auswahl der Heilsteine können und sollen Sie beliebig oft wiederholen. Sie müssen bedenken, dass sich Ihre Konstitution, das heißt Ihr körperlicher und seelischer Zustand, immer wieder verändert. Die intuitive Auswahl der Heilsteine kann dementsprechend unterschiedlich ausfallen.

TIPP

DEN RICHTIGEN STEIN FINDEN

> Die Aura ist kein Phantasiegebilde – dieses Foto vom Strahlungsfeld einer Fingerkuppe weist darauf hin.

Kosmosstein

> Zur Entscheidung für die letzten beiden Steine, den »Kosmosstein« und den »Partnerstein«, bitten Sie wieder um die Hilfe einer Freundin oder eines Freundes beziehungsweise Ihrer Partnerin oder Ihres Partners. Sie oder er soll ohne Ihr Wissen die restlichen Heilsteine durchnummerieren. Dann wählen Sie intuitiv eine Zahl und Ihr Gegenüber gibt Ihnen den Heilstein, dem er diese Zahl zugeordnet hatte. Falls Sie allein auswählen möchten, ordnen Sie jedem Heilstein eine Nummer zu und schreiben diese auf einen Zettel. Mischen Sie die Papiere in einem Behälter und ziehen Sie einen Zettel. Anhand der Nummer wissen Sie, welchen Edelstein Sie ausgewählt haben.

Partnerstein

> Diesen Stein sucht wieder ein Helfer für Sie aus. Setzen Sie sich einander gegenüber und schließen Sie beide die Augen. Versuchen Sie an nichts zu denken, achten Sie nur auf Ihren Atem. Ihr Gegenüber sollte sich nun ganz und gar auf Sie konzentrieren und sich an gemeinsame Erlebnisse erinnern. Dazu gehören schöne Ereignisse, aber auch konstruktive Auseinandersetzungen. Danach öffnet er oder sie die Augen und lässt den Blick über die Auswahl an Edelsteinen schweifen. Der erste Stein, der ihm oder ihr intuitiv ins Auge springt, ist der so genannte Partnerstein. Durch dieses Mineral wird ein Bedürfnis Ihrer Seele oder Ihres Körpers abgedeckt, das Ihnen selbst bisher nicht bewusst war. Jetzt ist das Sortiment der intuitiv ausgewählten Heilsteine vollständig.

Die Wirkung der ausgewählten Heilsteine

Seelenstein

Der Seelenstein transportiert verdrängte Erfahrungen, Erlebnisse und Erinnerungen an die Oberfläche, die im Unterbewusstsein schlummern. Lassen Sie diesen Zustand zu, denn nur so lösen sich geistige Blockaden.

Die Wirkung der ausgewählten Heilsteine — PRAXIS

Der Seelenstein kann auch auf etwas anspielen, das Ihnen im Moment gut täte, das Sie sich gönnen sollten, etwa Erholung, Urlaub oder ein neues Kleidungsstück. Er hebt außerdem Ihr Selbstwertgefühl, indem er mehr Vertrauen in Ihre positiven Eigenschaften aktiviert. Schließlich kann er an kraftspendende Ereignisse und für Sie aufbauende Personen erinnern.

Aurastein

Anders wirkt der Aurastein. Da er mit verbundenen Augen, nur durch den Spürsinn, ausgesucht wurde, muss er am Körper getragen werden, um seine Schwingungsenergie weiterzugeben. So wird ihm die Regelung unseres inneren Gleichgewichts gelingen, indem er die körperlichen und geistigen Möglichkeiten besser ausschöpft und unsere seelische und physische Ebene in Einklang bringt.

Kosmosstein

Der Kosmosstein nimmt Bezug auf den Menschen als geistiges Wesen. Ob Sie ihn tragen, zum Meditieren verwenden oder ihn nur betrachten, bleibt Ihnen überlassen. Ausgewählt wurde der Stein nicht durch den Verstand, die Seele oder den Körper, sondern allein durch den Zufall – ein Phänomen, über das sich schon viele Philosophen den Kopf zerbrochen haben.

Der Kosmosstein unterstützt die Selbstbestimmung des Lebens, verbessert die Wahrnehmung, aktiviert die geistigen Fähigkeiten und hilft, die gegenwärtige Realität besser zu erkennen.

Partnerstein

Der Partnerstein schließlich beeinflusst Ihr Denken, Ihr Verhalten und Ihre Reaktionen gegenüber der Umwelt und den Mitmenschen. Durch diese Sensibilisierung wird Ihnen zunehmend deutlich, wie Sie auf andere wirken und was Sie unbewusst ausstrahlen. Da dieser Stein auf Begegnungen ausgerichtet ist, sollten Sie ihn stets bei sich tragen. So kann er in Ihren Gesprächen und in Ihrem Verhalten anderen gegenüber seine positive Schwingungsenergie entfalten.

> Stärkt das Selbstvertrauen und weckt positive Erinnerungen: der Seelenstein.

Zugang über die Kinesiologie

Neben den intuitiven Möglichkeiten, den richtigen Heilstein für Ihr Wohlbefinden und Ihre Gesundheit zu finden, können Sie auch alternativmedizinische Untersuchungsmethoden heranziehen. Besonders geeignet ist die Kinesiologie. Der Name leitet sich ab von den Begriffen »Kinetik« beziehungsweise »Kinematik« (griechisch *kinesis* = Bewegung). Es handelt sich bei der Kinesiologie also um die Lehre (griechisch *logos* = Lehre) von den Bewegungen.

Entstehungsgeschichte

Schon der berühmte griechische Arzt Hippokrates (um 460–370 v. Chr.) und die Maya-Indianer kannten gewisse kinesiologische Grundlagen. Dennoch handelt es sich bei der angewandten Kinesiologie um eine moderne Wissenschaft, die auf den Erkenntnissen des amerikanischen Chiropraktikers Dr. George Goodheart (geboren 1918 in Detroit) beruht. Als Verständnisgrundlage diente Goodheart das Energiemodell der Traditionellen Chinesischen Medizin (TCM), demzufolge eine Verbindung zwischen den Meridianen (Energiebahnen) und den Organen des Körpers besteht. Er war, ganz im Sinne der TCM, überzeugt, dass die Gesundheit des Menschen nur durch den ungehinderten Fluss der Lebensenergie im Körper gewährleistet ist. Dementsprechend betrachtete er Energieblockaden als Verdichtungen eines physischen oder psychischen Ungleichgewichts, als Folgeerscheinungen von Unsicherheit, Nervosität und Angst. So konnte er bei seinen Patienten beobachten, wie sich organische Krankheiten, physische und psychische Zustände in deren Bewegungsapparat widerspiegelten. Das heißt, er konnte das gesundheitliche Befinden eines Patienten daran ablesen, inwieweit er seine Gelenke ungehindert beziehungsweise nur unter Schmerzen oder überhaupt nicht bewegen konnte. Zudem stellte er fest: Organe und Meridiane stehen mit bestimmten Muskeln in unmittelbarer Verbindung. Dadurch lassen sich energetische Unterversorgungen, Störfelder und Blockaden lokalisieren und ausbalancieren. Der Körper wird dabei gewissermaßen als »Feedback-Messgerät« eingesetzt.

Der kinesiologische Muskeltest

Der kinesiologische Muskeltest ist ein sehr einfaches Verfahren, das Goodheart 1964 entwickelte – ohne komplizierte und teure Apparaturen oder medizinische Geräte. Mit ihm konnte er einen umfassenden Einblick in den psychischen und körperlichen Zustand (Schmerzen, erkrankte Organe etc.) eines Patienten gewinnen.

Zugang über die Kinesiologie   PRAXIS

Damit der Test gute Resultate erzielt, müssen allerdings verschiedene Voraussetzungen erfüllt sein: Zunächst einmal brauchen Sie neben einem Testpartner einen ruhigen Ort, an dem Sie mit Ihrem Partner ungestört sind. Versuchen Sie beide, den Test mit großem Einfühlungsvermögen durchzuführen, und erwarten Sie nicht schon vorher ein bestimmtes Ergebnis. Seien Sie sich zudem immer im Klaren, was genau Sie mit dem Test überprüfen wollen. Nicht zuletzt muss der Wille zum regelmäßigen Üben vorhanden sein. Stets sollten Sie sich bewusst sein, dass es beim Muskeltest nicht um die Überprüfung von Kraft geht. Vielmehr geht es um die Fähigkeit des Muskels, unter verschiedenen Voraussetzungen reflexartig zu sperren beziehungsweise nachzugeben. Dadurch übermittelt uns der Muskel Informationen über unseren Körper und Geist, die uns normalerweise nicht bewusst sind.

Es verhält sich so, dass der Muskel nachgibt, wenn man ihn leicht kneift, und sperrt – also stabil reagiert –, wenn man ihn behutsam ausstreicht. Wie kommt das? Zu erklären ist dieses Phänomen durch den so genannten Spindelzellmechanismus der Muskeln. In den Muskelbäuchen finden sich nämlich Spindelzellen, die dem Gehirn mitteilen, in welchem Zustand der Muskel sich gerade befindet. Wenn man den Muskel nun kneift, meldet die Spindelzelle, dass

> Der kinesiologische Muskeltest zeigt, ob der Muskel sperrt oder nachgibt.

er verkürzt wurde, was in der Regel bedeutet: Das zugehörige Gelenk wurde gehoben. In Wirklichkeit wurde nur der Muskel gereizt und das Gelenk nicht bewegt. Gleichzeitig melden andere Zellen im Bewegungsapparat dem Gehirn, dass die Gelenkposition gleich geblieben ist. So kommt es zu sich widersprechenden Informationen im Gehirn. Dieses reagiert grundsätzlich mit dem Abschalten des betroffenen Muskels. Das heißt, das Gelenk hält selbst dem geringsten Druck nicht mehr stand.

Üblicherweise wird für den kinesiologischen Muskeltest der vordere Deltamuskel, der *Deltoideus anterior* ausgewählt. Er liegt wie ein Paket über dem Schultergelenk, ist an seinem oberen Ende mit dem Schlüsselbein und Schulterblatt verbunden und endet am Oberarmknochen. In der Kinesiologie bezeichnet man diesen Muskel als Indikatormuskel,

DEN RICHTIGEN STEIN FINDEN

weil er – stellvertretend für die übrige Muskulatur des Körpers – Reaktionen des Organismus auf Stressoren und andere negative Einflüsse aufdecken kann.

Testvorbereitung

Wenn Sie den kinesiologischen Muskeltest durchführen wollen, brauchen Sie, wie gesagt, einen Testpartner. Gemeinsam mit ihm sollten Sie zunächst prüfen, ob alle Voraussetzungen für den Muskeltest stimmen. Dazu gehen Sie folgendermaßen vor:

> Trinken Sie als Erstes ein Glas Wasser, um eine Labilität von Muskeln infolge einer fehlenden Wasserversorgung im Körper vorweg auszuschließen. Dann stellen Sie sich gerade hin.

Wie ein Paket liegt der Deltamuskel über dem Schultergelenk.

> Strecken Sie den rechten Arm waagrecht zur Seite aus. In dieser Position soll er dem Druck eines Ihnen vertrauten Testpartners ohne besondere Kraftanstrengung standhalten.

> Ihr Testpartner steht Ihnen gegenüber und soll als Erstes nur auf den Handrücken Ihres rechten Arms drücken. Ihr Deltamuskel wird reflexartig sperren. Wenn das nicht der Fall sein sollte, wiederholen Sie den Versuch am Deltamuskel Ihres linken Arms oder wählen Sie einen anderen Muskel aus.

> Wenn Ihr Testpartner Sie als Nächstes leicht in die Schulter kneift, sollte der Deltamuskel nachgeben, das heißt abschalten.

> Wenn Sie den Muskel danach vorsichtig dehnen, also Ihren Arm anziehen und erneut in die waagrechte Position bringen, wird er wieder sperren. So erkennen Sie, wie sich Ihr Muskel verhält. Falls der Deltamuskel jedoch nicht reagiert hat, lassen Sie sich von Ihrem Testpartner unter dem Schlüsselbein sowie rechts und links vom Brustbein massieren. Seine andere Hand sollte dabei auf Ihrem Bauchnabel liegen.

> Als Nächstes soll Ihr Testpartner »ja« sagen und gleichzeitig Druck auf Ihren rechten Handrücken ausüben, während seine andere Hand als Gegenpol auf Ihrer linken Schulter liegt. Als Reaktion darauf wird Ihr Deltamuskel sperren, das heißt stark reagieren.

Zugang über die Kinesiologie PRAXIS

▸ Anschließend sagt Ihr Testpartner »nein« und übt erneut Druck auf Ihren rechten Handrücken aus. Nun sollte Ihr Deltamuskel schwach reagieren und Ihr rechter Arm sich leicht nach unten drücken lassen. Das Hinzufügen von »ja« oder »nein«, das heißt von »positiv« oder »negativ«, wird im weiteren Verlauf zum Finden eines passenden Steins notwendig werden.
▸ Falls sich der Testmuskel bei »ja« schwach und bei »nein« stark verhält, sind Sie falsch gepolt. Dies lässt sich ohne weiteres verändern. Ihr Testpartner soll dazu einfach an Ihrem Konzeptionsgefäß hinauf- und hinunterstreichen, wobei er mit dem Hinauffahren enden soll. Das Konzeptionsgefäß beziehungsweise der Zentralmeridian (die Begriffe stammen aus der Akupunkturlehre) verläuft als senkrechte Linie genau auf der Mittellinie der Körpervorderseite. Es beginnt am Schambein und endet im Gesicht unterhalb der Unterlippe. Nach dem Ausstreichen des Zentralmeridians kann erneut die Testfähigkeit des Muskels überprüft werden. Jetzt müssten die Reaktionen stimmen. Ist der Muskel weiterhin nicht testfähig, versuchen Sie es mit einem anderen Muskel – zum Beispiel dem oberen Brustmuskel, der sich im oberen Brustbereich vom Schultergelenk bis zum Brustbein erstreckt – und möglicherweise auch mit einem anderen Testpartner.

So funktioniert der Test mit einem Stein

Wenn Ihr Muskel richtig reagiert hat, beginnt der eigentliche kinesiologische Test unter Einbeziehung von Heilsteinen.
▸ Halten Sie Ihre linke Hand auf die Körperstelle, an der Sie Beschwerden haben. Ihr Gegenüber legt seine linke Hand auf den Handrücken Ihres rechten, ausgestreckten Arms, die andere als Gegenpol auf Ihre linke Schulter. Ihr Arm ist kraftlos und wird sich schon mit einem leichten Druck nach unten drücken lassen.
▸ Heben Sie nun Ihre linke Hand von der schmerzenden Körperstelle auf und neh-

▸ Das Konzeptionsgefäß verläuft vom Schambein bis zur Unterlippe.

DEN RICHTIGEN STEIN FINDEN

men Sie ein Mineral Ihrer Wahl in diese Hand. Die Auswahl des Heilsteins können Sie nach Belieben über Ihr Sternzeichen (Seite 17–18) treffen; weitaus besser eignet sich dafür jedoch das Beschwerden-register (ab Seite 116), die Auflistung der Mineralstoffe (ab Seite 110) oder das Edelstein-Lexikon (ab Seite 58).

> Im nächsten Schritt umschließen Sie das Mineral und halten Ihre jetzt geschlossene, linke Hand auf die betroffene Körperregion, sodass der Stein seine heilende Schwingungsenergie verströmen kann. Dann strecken Sie erneut Ihren rechten Arm aus.

> Ihr Testpartner fragt jetzt: »Mildert dieser Stein die Beschwerden?«

> Daraufhin übt er erneut einen sanften, leichten Druck auf den Handrücken Ihres rechten, ausgestreckten Arms aus, wobei er wiederum als Gegenpol seine andere Hand auf Ihre linke Schulter legt. Falls Ihr Deltamuskel diesmal nicht nachgibt und Sie Ihren rechten Arm ohne Anstrengung waagrecht halten können, haben Sie einen Heilstein gefunden, der Ihren Beschwerden entgegenwirkt und sie mildert.

> Falls Sie Ihren Arm hingegen bei sanftem Druck nicht waagrecht halten können, so haben Sie den richtigen Heilstein, der Ihre Beschwerden lindern soll, noch nicht entdeckt. In diesem Fall müssen Sie den Test mit anderen Steinen so lange wiederholen, bis Sie ein positives Ergebnis erzielen.

Weitere Anwendungs-möglichkeiten

Der kinesiologische Test bietet große Vorteile: Durch den Einsatz des Körpers als »Feedback-Messgerät« können Sie nicht nur das äußere Erscheinungsbild einer Krankheit erkennen, sondern zugleich – was weitaus wichtiger ist – deren Ursachen entgegenwirken.

Zudem lässt sich der kinesiologische Muskeltest nicht nur in Bezug auf Ihre körperliche Verfassung anwenden. Er funktioniert auch, wenn Sie Speisen oder abgepackte Getränke in die Hand nehmen, um herauszufinden, ob diese für Sie verträglich oder unverträglich sind. Auch die Auswirkungen von Monitoren, Fernsehern, Telefonanlagen, Mobiltelefonen und anderen technischen Geräten auf Ihren Organismus lassen sich mithilfe der Kinesiologie testen. Soweit es sich um Gegenstände handelt, die Sie nicht mit der Hand umschließen können, legen Sie einfach Ihre Hand auf das jeweilige Objekt und verfahren wie beschrieben.

Wasser speichert Strahlen

Anstelle des direkten Kontakts mit einem Objekt können Sie auch die Speicherfähigkeit von Wasser nutzen; zum Beispiel wenn es Ihnen Unbehagen bereiten sollte, am Arbeitsplatz in Anwesenheit der Kollegen ein Gerät zu testen. Nehmen Sie dazu ein kleines, verschließbares Wasserfläsch-

Zugang über die Kinesiologie — PRAXIS

chen und befestigen Sie es für einige Stunden an dem zu überprüfenden, in Betrieb befindlichen Gerät. So können die Strahlen jeglicher Art auf das Wasser einwirken. Erst kürzlich hat ein Expertenkomitee der Weltgesundheitsorganisation (WHO) bestätigt, dass Wasser die Fähigkeit besitzt, Strahlungen und Schwingungen aufzunehmen.

Das Wasserfläschchen nehmen Sie zu Hause in die linke Hand und machen mit Ihrem Testpartner den oben beschriebenen Deltamuskeltest mit der Fragestellung: »Schadet das belastete Wasser in diesem Fläschchen meinem Organismus?« Wenn dies der Fall sein sollte, können Sie zum Wasserfläschchen einen Stein in dieselbe, linke Hand legen und testen, ob er die Fähigkeit hat, die für Sie belastenden Strahlen auszugleichen. Dies wiederholen Sie so lange, bis Sie unter Berücksichtigung der in diesem Buch aufgelisteten Heilwirkungen der Edelsteine das richtige Mineral gefunden haben. In diesem Zusammenhang sind besonders Heilsteine wie Hämatit, Malachit, Prasem, Rauchquarz, Rosenquarz, Sphalerit und Turmalin (Schörl) in Betracht zu ziehen. Wenn Sie den einschlägigen Stein bestimmt haben, sollten Sie ihn in der Hosentasche stets mit sich führen, um gegen Strahlungen und andere negative Auswirkungen von Geräten geschützt zu sein. Vergessen Sie gerade im Zusammenhang mit Strahlungen nie, Ihre Heilsteine regelmäßig zu reinigen und aufzuladen (siehe Kapitel »Reinigen und Entladen« Seite 32 beziehungsweise »Aufladen« Seite 35).

> Rosenquarze werden gern am Arbeitsplatz eingesetzt, weil sie vor belastenden Strahlungen von Monitoren schützen.

Die Heilkraft der Edelsteinelixiere

Bereits Hildegard von Bingen setzte im 12. Jahrhundert Edelsteinelixiere zur Bekämpfung von Krankheiten ein. Sie bestehen meist aus stillem Mineral- oder Quellwasser, das mit der Schwingungsenergie eines Edelsteins aufgeladen wurde. Während Minerale an vielen Körperteilen schwer aufzulegen sind, wirken die Heilsteinwasser im gesamten Organismus. Sie können bei Erkrankungen der inneren Organe an Ort und Stelle lindernd und heilend eingreifen.
Sie sind auch besser bei der Arbeit und in der Öffentlichkeit einzusetzen. Manchmal kann es ja auch peinlich sein, in Anwesenheit von Fremden und Kollegen Heilsteine aufzulegen. Edelsteinelixiere zeigen annähernd dieselben Wirkungen und Reaktionen wie die einschlägigen Minerale. Das heißt, die Anwendungshinweise

Innere Anwendung **PRAXIS**

in den Kapiteln »Heilsteine von A bis Z«
(ab Seite 58), »Mineralstoffe und Heilsteine« (ab Seite 110) und im »Beschwerdenregister« (ab Seite 116) beziehen sich
nicht nur auf die Steine selbst, sondern
auch auf die Edelsteinelixiere.

Wirkung

Elixiere mit Edelsteinen können bei Insektenstichen, Durchfall-, Nahrungsmit-
tel- und Infektionserkrankungen helfen.
Sie besitzen entschlackende ebenso
wie reinigende Eigenschaften. So sollen
sie Hilfe bei chronischen Beschwerden
im Bereich der Verdauungsorgane, des
Magens und des Darms bieten.

Innere Anwendung

Edelsteinelixiere gibt es zu kaufen (siehe
»Adressen, die weiterhelfen«, Seite 122).
Erhältlich sind Tinkturen von folgenden
Heilsteinen: Amethyst, Aquamarin,
Chrysolith, Coelestin, Citrin, Granat,
Herkimer-Diamant, Karneol, Mondstein,
Rauchquarz, Rosenquarz, Rubin, Saphir,
Smaragd und Turmalin. Sie sollten wis-
sen, dass diese entschieden stärker ihre
Schwingungsenergie entfalten, als wenn
Sie selbst ein Heilsteinwasser zubereiten.
Sie basieren auf jahrelangen Forschungs-
ergebnissen und sind optimal ausgerich-
tet. Daher genügt es, wenn empfindsame
Menschen ein bis zwei Tropfen, robustere

fünf bis zehn direkt auf die Zunge träu-
feln. Um eine optimale Wirkung zu erzielen, sollte der Abstand zu den Mahl-
zeiten möglichst groß sein. Wenn Sie
Ihr eigenes Elixier verwenden, können
Sie dieses schluckweise zu sich nehmen.
Dabei sind kleinere Dosierungen in
kürzeren Abständen empfehlenswert.
Schwangere, Alkoholkranke und Kinder
sollten grundsätzlich auf alkoholhaltige
Edelsteinelixiere verzichten. Sie können
stattdessen Mineral- oder Quellwasser
allein verwenden und die Speicherfähigkeit des Wassers nutzen (Seite 44). In diesem Fall sollte das Elixier binnen weniger
Tage verbraucht werden.
Edelsteinelixiere können beliebig ver-
dünnt werden. Damit verlagern Sie die
Wirkung mehr auf die seelische Ebene.
Der Körper reagiert auf Edelsteinelixiere
wie bei einer homöopathischen Behand-

GETRENNT LAGERN

Edelsteinelixiere sollen dunkel
und kühl gelagert und nicht direkt
nebeneinander gestellt werden.
Sonst könnte es sein, dass sich
verschiedene Flüssigkeiten gegen-
seitig durch ihre Schwingungsenergien beeinflussen.

!

WICHTIG

TIPP

WIE SIE ELIXIERE SELBST HERSTELLEN

Im Gegensatz zu Hildegard von Bingen, die vor allem Wein zur Herstellung von Edelsteinelixieren verwendete, benützt man heute Wasser. Leitungswasser oder destilliertes Wasser sind allerdings weniger für diesen Zweck geeignet. Am besten nimmt man Mineral- oder Quellwasser. Sie benötigen folgendes Zubehör:

> eine Jena-Glasschale mit 300 Milliliter Mineral- oder Quellwasser,
> eine Glasflasche zur Aufbewahrung,
> einen Edelstahl- oder Kupfertopf,
> einen Edelstein mit möglichst wenigen Einschlüssen, naturbelassen und unbearbeitet.

Um die nötige Hygiene zu gewährleisten, reinigen Sie bitte alles Zubehör gründlich und lassen Sie die Gegenstände an der Luft trocknen. Reinigen Sie auch den Edelstein, wie es ab Seite 32 beschrieben ist. Dann gießen Sie die 300 Milliliter Mineral- oder Quellwasser in die Glasschale und geben den Heilstein hinzu. Stellen Sie die Schale mit dem Wasser und dem Stein für zwei Stunden an einen Platz, wo das Sonnenlicht darauf einwirken kann. Danach schütten Sie das Edelsteinelixier in die Vorratsflasche. Um die Haltbarkeit zu steigern, gießen Sie im Verhältnis 2:1 Branntwein (Alkoholgehalt 32 bis 40 Prozent) hinzu, also 150 Milliliter. Schütteln Sie die Flüssigkeit – und fertig ist das Elixier, das zur inneren oder äußeren Anwendung benützt werden kann.

Falls die Sonne nicht scheint, erwärmen Sie das Wasser leicht im Edelstahl- oder Kupfertopf, 10 bis 15 Minuten – inklusive Edelstein. Dann verfahren Sie wie oben beschrieben.

lung: Nach einer anfänglichen Verschlechterung der Symptome tritt eine Besserung ein.

Äußere Behandlung

Etwas verdünnt können Sie das Edelsteinelixier auch auf die Haut auftragen, indem Sie es flächig im Bereich eines ausgewählten Chakras beziehungsweise einer erkrankten Stelle – nicht bei offenen Wunden! – anwenden und auf der Haut verreiben.

> Geben Sie zu 50 Milliliter Wasser 5 bis 8 Tropfen Heilsteinelixier. Dafür sind folgende Heilsteine besonders geeignet: Amethyst, Bergkristall, Bernstein, Calcit, grüne Jade, Islandspat, Onyx, Rosenquarz und Sternenachat. Bergkristalle, Diamanten und der weiße Topas haben die Eigenschaft, die Heilwirkungen der verschiedenen Heilsteine zu verstärken.

Äußere Behandlung   PRAXIS

Umschläge und Wickel

Die Edelsteinelixiere sind auch gut für Umschläge und Wickel geeignet, die Quetschungen, Verrenkungen und Krampfadern lindern.
> Geben Sie zwei Tropfen Elixier in 250 Milliliter kaltes Wasser, tauchen Sie ein sauberes Tuch hinein und legen Sie es auf die betroffene Stelle. Das getränkte Tuch soll so lange einwirken, bis es trocken ist; am besten fixieren Sie es mit einem Verband. Bei anhaltenden Schmerzen lässt sich dieser Vorgang wiederholen. Tuch und Edelsteinelixier sollten Sie nur einmal benutzen, da sich nach der Anwendung Keime in der Flüssigkeit befinden können.

Heilbäder

Edelsteinelixiere können auch für Heilbäder verwendet werden, um großflächig Ekzeme und Ausschläge zu behandeln.
> Lassen Sie warmes Wasser in die Badewanne laufen, träufeln Sie 8 bis 10 Tropfen Elixier hinzu. Badezeit: 20 Minuten.

Salben

> Kaufen Sie 10 Gramm Salbengrundlage in der Apotheke und geben Sie 2 Tropfen Edelsteinelixier dazu. Nach kräftigem Umrühren können Sie die Heilsteinsalbe auftragen. Sie hilft bei Hauterkrankungen, Insektenstichen, oberflächlichen Verletzungen und bei Rheuma.

> Mit Edelsteinelixieren können Sie auch Salben herstellen, die bei Hautbeschwerden helfen.

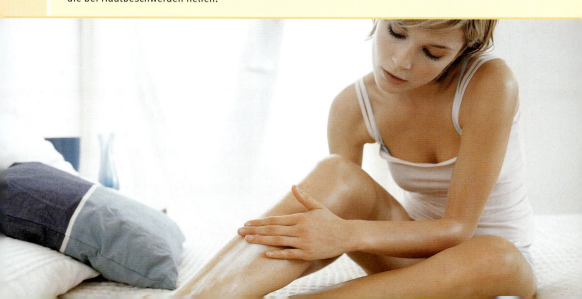

DIE HEILKRAFT DER EDELSTEINELIXIERE

Edelsteine und Schüßler-Salze

Ergänzend zu einer Behandlung mit Heilsteinen eignet sich sehr gut eine Behandlung mit Schüßler-Salzen, da sich diese zum Teil aus denselben chemischen Elementen (Calcium, Eisen, Kalium, Magnesium, Natrium, Silicium) zusammensetzen.

> Schüßler-Salze helfen, einen Mangel an Mineralsalzen im Körper auszugleichen.

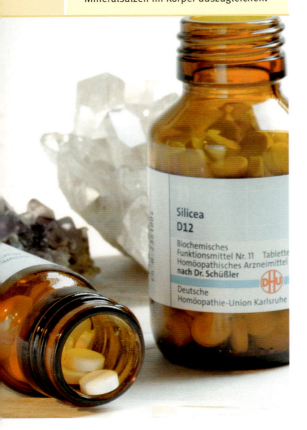

Biochemie nach Dr. Schüßler

Dass der menschliche Organismus in allen Bereichen Mineralsalze enthält, stellte erstmals der Allgemeinmediziner Dr. Heinrich Wilhelm Schüßler (1821–1898) fest. Er ging davon aus, dass diese Salze für die Aufrechterhaltung aller Lebensfunktionen wichtig seien und dass ein Mangel an Mineralsalzen Funktionsstörungen und Krankheiten hervorrufen könne. Tatsächlich beobachtete er bei seinen Patienten, dass sich bestimmte Mangelzustände durch spezifische Merkmale im Gesicht zeigten, zum Beispiel durch einen fahlen Teint, Schatten um die Nasenwurzel, einen wächsernen Ton an Schläfen oder Mund oder rötliche Flecken auf der Haut. Durch diese und weitere Erkenntnisse zog Schüßler Rückschlüsse auf fehlende Mineralstoffe und versuchte, diese durch Mineralsalze auszugleichen.

Für die Herstellung der Mineralsalze orientierte sich Schüßler an den Erkenntnissen von Dr. Samuel Hahnemann (1755–1843), dem Vater der Homöopathie. Das heißt, er bereitete die Salze genau wie homöopathische Mittel in Potenzierungsschritten auf, indem er die Salze verrieb und stufenweise mit einer Trägersubstanz verschüttelte. Seine Therapie wurde unter dem Namen »Biochemie« bekannt.

Konstitutionstherapie und Antlitzdiagnostik

Auf der Basis langfristiger Beobachtungen körperlicher und seelischer Merkmale von Patienten entstand in der Biochemie nach Dr. Schüßler wie auch in anderen Naturheilverfahren die so genannte Konstitutionstherapie, abgeleitet vom lateinischen Begriff *constitutio* (= Beschaffenheit). Schüßler und seine Anhänger, wie zum Beispiel Dr. Kurt Hickethier (1891–1958), entwickelten dazu die Antlitzdiagnostik, die Lehre von krankheitsbedingten körperlichen Merkmalen beziehungsweise Signaturen. Die Antlitzdiagnostik ermöglicht es, einen Mineralstoffmangel durch eine Gesichtsanalyse zu erkennen, um auf lange Sicht daraus Anhaltspunkte auf einen bestimmten Konstitutionstyp und das für ihn passende Mittel zu erhalten.

Mineralstoffmangel hat mehr als nur eine Ursache

Die jeweilige biochemische Konstitution wird bedingt durch den Zustand der Zellen, der kleinsten Bausteine des menschlichen Organismus. Diese sind nur funktionstüchtig, wenn sie über ausreichend Mineralsalze verfügen.

> Der Mangel eines Salzes hinterlässt charakteristische Anzeichen im Gesicht.

Liegt ein Mineralstoffmangel vor, so lässt sich daraus logischerweise der Schluss ziehen, dass dem Körper mit der Nahrung zu wenig Mineralstoffe zugeführt werden. Doch das ist nicht die einzige mögliche Ursache für einen Mineralstoffmangel. Schüßler beobachtete, dass selbst bei ausreichender Mineralstoffversorgung

DIE HEILKRAFT DER EDELSTEINELIXIERE

Schüßler-Salze können Sie über mehrere Monate hinweg einnehmen.

des jeweiligen Salzes im Körper an. Das heißt, sie helfen dem Körper, das mit der Nahrung aufgenommene Salz optimal zu verwerten und zu ergänzen.

Für die innere Anwendung gibt es die Schüßler-Salze in Tablettenform. Sie können diese sowohl vorbeugend als auch mildernd, bei angeborenen Schwächen wie bei akuten Beschwerden einsetzen. Nehmen Sie je nach Bedarf über Wochen oder Monate ein bis zwei Tabletten pro Tag ein.

Praktische Anwendung

Um eine Konstitutionstherapie durchzuführen, müssen Sie zunächst herausfinden, welcher Konstitutionstyp Sie besonders anspricht, das heißt, welche damit verbundenen Symptome Sie behandeln wollen. Es gibt zwölf Konstitutionstypen, die sich durch spezielle körperliche und seelische Merkmale voneinander unterscheiden.

ein Mangel auftreten kann. Er führte das auf eine »Verteilungsstörung« im Körper zurück. Das heißt, der Körper kann die im Blut transportierten Salze nicht richtig aufnehmen; sie werden mit dem Urin wieder ausgeschieden.

Schüßler-Salze sind insofern doppelt wirksam: Sie versorgen die Körperzellen nicht nur mit den notwendigen Mineralsalzen, sie regen auch den Stoffwechsel

Der Calcium-fluoratum-Typ

Dieser Typ gilt als ängstlich, depressiv, von innerer Unruhe gequält. Er zeichnet sich durch eine schlaffe, rissige und harte Haut im Gesicht aus, neigt zu Quer- und Längsfalten sowie zu bläulich- bis schwärzlichroter Verfärbung der Haut unter dem Auge. Seine Fingernägel sind verformt, er neigt zu übermäßiger Hornhautbildung, Senk- oder Spreizfüßen.

PRAXIS — Edelsteine und Schüßler-Salze

Der Calcium-phosphoricum-Typ

Der große, schlanke, meist ungeduldige Calcium-phosphoricum-Typ ist leicht zu erschrecken. Sein Gesicht erinnert an eine Wachspuppe, sein blasser Teint ist das auffälligste Merkmal. Zudem neigt er zu Kariesbildung.

Der Calcium-sulfuricum-Typ

Der Calcium-sulfuricum-Typ leidet immer wieder unter Abszessen und Furunkeln. Überall auf seiner Haut finden sich Spuren alter Vereiterungen.

Der Ferrum-phosphoricum-Typ

Dieser Typ reagiert oft nervös und überempfindlich und ist schnell erschöpft. Ein besonderes Merkmal ist die schwärzlich-bläuliche Färbung der Haut am inneren Augenwinkel und an den Lidern. Hinzu kommt manchmal eine leichte Rötung der Stirn, Wangen und Ohren. Zudem besitzt der Ferrum-phosphoricum-Typ trockene, zerzauste Haare, seine Fingernägel weisen Quer- oder Längsrillen auf.

Der Kalium-chloratum-Typ

Der in sich gekehrte, pflichtbewusste, zu Selbstmitleid neigende Kalium-chloratum-Typ ist durch ein milchig-bläuliches Gesicht charakterisiert – vor allem im Bereich der Augenlider. Bei Erkältungskrankheiten neigt er zu weißlichem Auswurf.

Der Kalium-phosphoricum-Typ

Der zaghafte und weinerliche, manchmal zur Hysterie neigende Kalium-phosporicum-Typ hat ein gräuliches, im Bereich der Schläfen eingefallenes Gesicht. Er leidet unter Mundgeruch, trockener Zunge und trockenem Rachenraum.

Der Kalium-sulfuricum-Typ

Der stets müde, melancholische, nach frischer Luft ringende Kalium-sulfuricum-Typ hat eine gelblich-braune, bisweilen mit Altersflecken überzogene Haut.

Der Magnesium-phosphoricum-Typ

Der hektische, gestresste und zugleich aggressive Magnesium-phosphoricum-Typ leidet unter Schlafmangel, neigt zu Krämpfen und roter Verfärbung der Wangen sowie der Hautpartien links und rechts neben den Nasenflügeln. Seine Zunge wirkt gelblich glänzend.

Der Natrium-chloratum-Typ

Der schläfrige, depressive, leicht zu reizende und häufig verzweifelte Natrium-chloratum-Typ mit seinen aufgeblähten Backen hat eine fettige, großporige Gesichtshaut und trockene Schleimhäute, er tendiert zu Tränen- und Speichelfluss sowie zu Schuppenbildung und Cellulite.

Der Natrium-phosphoricum-Typ

Oft apathisch und niedergeschlagen, fürchtet sich der Natrium-phosphori-

DIE HEILKRAFT DER EDELSTEINELIXIERE

cum-Typ besonders vor dem Alleinsein und der Dunkelheit. Sein Gesicht ist charakterisiert durch eine fettige Haut, durch Mitesser und Hängebacken. Seine Zunge ist feucht und gelblich.

Der Natrium-sulfuricum-Typ

Dem häufig verstimmten Natrium-sulfuricum-Typ ist ein aggressiv violett-rotes Gesicht mit roter Nase und fast violetten Wangen zu Eigen. Zudem weist er oft grünlich-gelbliche Farbflecke an der Stirn und an den Schläfen auf. Manchmal wirkt das Gesicht wässrig und aufgeschwemmt und die Zunge schmutzig. An den Händen können sich Warzen zeigen.

Der Silicea-Typ

Dem eigensinnigen, zaudernden, leicht zum Schwitzen neigenden Silicea-Typ fehlt zumeist ein gesundes Selbstbewusstsein. Seine schlaffe, trockene und raue Haut wirkt im Bereich der Stirn, der Nase und des Schienbeins dünn glänzend. Zudem leidet er unter Haarausfall sowie unter brüchigen Finger- und Fußnägeln.

Richtig kombinieren

Wenn Sie sich für einen Konstitutionstyp entschieden haben, sehen Sie bitte in der Tabelle (rechte Seite) nach. Dort finden Sie – neben möglichen Beschwerden – die jeweiligen Schüßler-Salze/Konstitutionstypen alphabetisch mit den anwendbaren Potenzen (D1, D2, D3…) aufgelistet. Jedem Schüßler-Salz beziehungsweise Beschwerdebild sind die passenden Heilsteine zugeordnet.
Bedenken Sie dabei, dass die Schüßler-Salze, genau wie die Heilsteine, nur ergänzend angewendet werden dürfen. Keineswegs ersetzen sie die gründliche Untersuchung durch Ihren Arzt oder Heilpraktiker und dessen Medikation.

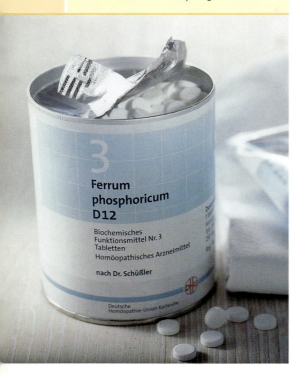

Ferrum phosphoricum hilft bei Nervosität und Erschöpfung.

KONSTITUTIONSTHERAPIE UND HEILSTEINE

Diese Übersicht zeigt Ihnen, welche Schüßler-Salze Sie bei welchen Beschwerden mit welchen Heilsteinen kombinieren können.

Beschwerden	Konstitutionstyp/Schüßler-Salz	Heilsteine
Schwache Gelenke, Knochen, Sehnen und Bänder sowie instabiles Bindegewebe	Calcium fluoratum D3, D6, D12	Fluorit, Fuchsit, Prasem, Turmalin
Schlankwüchsig, anfällig für chronische Magen-Darm-Katarrhe, Wachstumsstörungen, Rachitis	Calcium phosphoricum D6	Boji
Eitrige Prozesse	Calcium sulfuricum D6	Baryt, Boji, Lapislazuli
Anfällig für Infektionskrankheiten	Ferrum phosphoricum D3, D6, D12	Boji, Chrysokoll, Hämatit, Türkis
Empfindliche Schleimhäute	Kalium chloratum D3, D6, D12	Halit, Sodalith
Schwache Nerven, Unruhe, Reizbarkeit	Kalium phosphoricum D6	Boji
Chronisch erkältet, Rheumatismus	Kalium sulfuricum D6	Bernstein, Boji
Unruhig, zu Krämpfen neigend, Koliken, Krampfhusten	Magnesium phosphoricum D6	Serpentin
Gestörter Wasserhaushalt, Kopfschmerzen, Migräne	Natrium chloratum D6	Halit, Lapislazuli
Unregelmäßiger Stoffwechsel, Sodbrennen, Durchfall	Natrium phosphoricum D6	Boji, Heliotrop
Belastete Verdauung, Harnsäureneigung, Koliken	Natrium sulfuricum D6	Baryt, Boji, Chalcedon, Lapislazuli
Schwaches Bindegewebe, Wachstumsstörungen im Bereich der Haare und Nägel	Silicea D3, D6, D12	Bergkristall, Onyx, Turmalin

PRAXIS

Edelstein-
Lexikon

Edelsteine haben vorbeugende Kräfte und heilende Eigenschaften. Nutzen Sie diese! Auf den folgenden Seiten finden Sie die wichtigsten Heilsteine genau beschrieben: ihr Aussehen, ihre Beschaffenheit, ihre heilenden Kräfte und Wirkungen. Am Ende des Kapitels gibt es außerdem eine Aufstellung, welche Spurenelemente in welchen Heilsteinen enthalten sind und wie Ihnen dies Tag für Tag helfen kann.

Heilsteine von A bis Z

In diesem Kapitel finden Sie – alphabetisch geordnet – die wichtigsten Heilsteine beschrieben. Bitte berücksichtigen Sie bei den Abbildungen, dass es sich hier um Naturprodukte handelt und deshalb Abweichungen in Form und Farbe selbstverständlich sind. Von manchen Edelsteinen gibt es außerdem verschiedene Farbvarianten.

Achat (Botswana-Achat)

Farbe: grau, rosa, mit dünnen, weißen Streifen
Fundort: Botswana (Afrika)
Geschichte: Bei den afrikanischen Stämmen in Botswana wird dieser Stein als Schutzstein verehrt.

Heilwirkung

Körperlich: Der Botswana-Achat fördert die Regeneration und das Wachstum. Er kann Ausschläge und Ekzeme lindern. In der Schwangerschaft dient er als Schutzstein für Mütter und er regt nach der Geburt die Gebärmutterrückbildung an.
Seelisch: Der Stein vermittelt Schutz und Geborgenheit, löst innere Spannungen und verleiht innere Stabilität.
> Der Botswana-Achat kann im Bereich des Halschakras und des Wurzelchakras aufgelegt werden.

Amethyst

Farbe: violett
Fundort: Australien, Brasilien, Mexiko, Uruguay
Geschichte: Der Name ist dem griechischen *amethystos* entlehnt und bedeutet »nüchtern«, denn die Griechen setzten ihn gegen böse Gedanken, Zauberei und Trunkenheit ein.

Heilwirkung

Körperlich: Der Amethyst hilft bei stressbedingten Verspannungen, Blutergüssen, Schwellungen und anderen Verletzungen der Haut. Erkrankungen der Atemwege und Lunge sollen durch ihn ebenso gelindert werden wie Störungen der Darmflora.

Seelisch: Der Stein fördert Nüchternheit, geistige Wachheit und Konzentration. Außerdem hilft er, Erfahrungen geistig zu reflektieren und Trauer zu bewältigen.
> Legen Sie den Amethyst im Bereich des Scheitelchakras auf.

Apachenträne

Farbe: schwarz durchscheinend
Fundort: Arizona, Utah (USA)
Geschichte: Nach alter Sage erkannten die Indianer darin die versteinerten Tränen ihrer Vorfahren, die diese beim Ver-

> Von oben nach unten: Amethyst, Apachenträne und Botswana-Achat.

lust ihrer Heimat vergossen. Deshalb symbolisierte der Stein für sie Stärke und Freiheit.

Heilwirkung

Körperlich: Apachentränen unterstützen den Körper bei innerlichen Störungen. Sie können vor allem stressbedingte Magen- und Verdauungsprobleme lösen. Sie bewahren den Magen vor Übersäuerung, ebenso den Darm und das Blut. Sie sollen sogar Magengeschwüre lindern und sehr gut bei Magenreizungen infolge falscher Ernährung (verdorbener Magen) helfen. Indianer setzen ihn noch heute zum Schutz gegen Bakterien, bei Entzündungen und Infektionen ein.
Seelisch: Depressionen und Zukunftsängste verwandeln die Apachentränen in Lebensfreude und Optimismus.
> Apachentränen eignen sich für alle Chakren, bei Konzentrationsübungen empfiehlt sich das Auflegen im Bereich des Stirnchakras.

Apophyllit

Farbe: weiß, rosa, hellgrün, durchscheinend
Fundort: Brasilien, Indien, Island, Norwegen
Geschichte: Im 18. Jahrhundert leitete der französische Mineraloge René-Just

Haüy (1743–1822) den Namen des Steins vom griechischen *apo* (= ab) und *phyllon* (= Blatt) ab, da sich bei seiner Erhitzung Blättchen ablösen.

Heilwirkung

Körperlich: Der Stein kann bei Asthma und anderen nervösen und allergiebedingten Atemwegsbeschwerden helfen. Er kann außerdem gegen Gliederschmerzen und gegen Krankheiten eingesetzt werden, die Lähmungen verursachen.
Seelisch: Mit dem Apophyllit lassen sich unterbewusste Prozesse klären. Er deckt ein schlechtes Gewissen, unnötige Sorgen, Angst und Unsicherheit auf. Der Apophyllit löst auf diese Art unterdrückte Gefühle und psychische Blockaden auf.
> Der Apophyllit eignet sich zum direkten Auflegen auf die betroffene Stelle, also auf den Lungenbereich oder das betroffene Glied. Über das Herzchakra wirkt der Apophyllit besonders gut ein.

Aquamarin

Farbe: hellblau, durchscheinend
Fundort: Afghanistan, Brasilien, Madagaskar, Nigeria, Pakistan
Geschichte: Der Name ist dem Lateinischen *aqua maris* (= Meerwasser) entlehnt und bezeichnet das Aussehen des Aquamarin. In der Antike verehrte man ihn als Symbol der Reinheit.

Heilwirkung

Körperlich: Der Aquamarin kann die Sehkraft bei Kurz- und Weitsichtigkeit stärken, Überreaktionen wie Autoimmunerkrankungen, Allergien oder Heuschnupfen lindern, die Schilddrüse harmonisieren, den Hormonhaushalt und das Immunsystem regulieren.
Seelisch: Der Stein verleiht Weitblick, Ausdauer und Konzentration. Beziehungen und Freundschaften, Liebe, Treue und Selbstbewusstsein werden mit seiner Hilfe vertieft.
➤ Vor Beginn des Pollenflugs sollte der Stein ständig am Körper getragen werden, zum Beispiel an einer Halskette. Er eignet sich auch zum Auflegen im Bereich von Halschakra und Stirnchakra.

Aragonit

Farbe: weiß, bräunlich, rosa, gelb, Glasglanz
Fundort: Italien, Marokko, Mexiko, Sizilien, Spanien
Geschichte: Als Professor der Freiberger Bergakademie gab 1788 Abraham Gottlob Werner (1749–1817) dem Mineral nach den Vorkommen am Rio Aragon, einem Fluss in Nordspanien, seinen Namen. Dieser ersetzte alle alten, sehr vielfältigen Bezeichnungen, die ein Hinweis auf seine unterschiedlichen Erscheinungsformen sind.

➤ Von oben nach unten: Aragonit, Aquamarin und Apophyllit.

Heilwirkung

Körperlich: Infolge seines Calciumgehalts fördert der Aragonit den Stoffwechsel, stabilisiert vor allem die Knochen und gewährleistet die Elastizität der Bandscheiben. Zudem stimuliert er die verschiedenen Muskeln, stärkt das Immunsystem und hilft bei Verdauungsproblemen.
Seelisch: Ausgleichend und beruhigend wirkt der Aragonit, wenn man sich durch äußeren Druck überfordert fühlt. Er stärkt die Lebensenergien bei Abgespanntheit und nivelliert innere Schwankungen. Dadurch fördert er flexibles Handeln und Offenheit für Neuerungen.
➤ Der Aragonit kann ständig am Körper als Anhänger getragen oder an einer schmerzenden Stelle aufgelegt werden.

Aventurin

Farbe: grün, rot, orange oder blau schillernd
Fundort: Brasilien, Indien, Simbabwe, Russland
Geschichte: Die in dem Quarz befindlichen schuppenartigen Glimmereinschlüsse inspirierten die Mineralogen im 17. Jahrhundert nach der italienischen Redewendung *a(lla) ventura* (= auf gut Glück, aufs Geratewohl) zur Namensgebung.

Heilwirkung

Körperlich: Die grüne Variante des Aventurin reduziert den Cholesterinspiegel. Sie dient zur Prophylaxe gegen Herzinfarkt, vermindert Ausschläge und Allergien, Entzündungen und Sonnenbrand. Der rote Aventurin hingegen stimuliert den Kreislauf und die Nerven, der orange regt die Blutbildung an, stabilisiert die Leber und die Sinne. Chronische Verspannungen und Schmerzen vermag schließlich der blaue Aventurin zu vermindern. Zudem spendet er Kühlung und senkt das Fieber.
Seelisch: Das Mineral schärft den Sinn für eine glücksorientierte Selbstentfaltung, durchbricht enge Gedankenmuster und entfaltet unbeschwerte Heiterkeit.
> Seine Schwingungsenergie spendet der Aventurin als Bestandteil eines Steinkreises (bei Strahlenschäden) – aber auch, wenn er an einer schmerzenden Stelle aufgelegt wird.

Azurit

Farbe: dunkelblau, undurchsichtig
Fundort: Arizona (USA), Deutschland, Marokko
Geschichte: Die Bezeichnung legte 1824 der französische Mineraloge François Beudant (1787–1850) fest. Der Name geht auf das persische *lazhward* (= blaue Farbe) zurück.

Heilwirkung

Körperlich: Als Heilstein fördert der Azurit die Gehirn- und Nerventätigkeit und stärkt damit die Sinneswahrnehmung. Er kann entgiftend und leberanregend wirken. Er soll auch die Schilddrüsentätigkeit stimulieren und im Allgemeinen das körperliche Wachstum fördern.
Seelisch: Der Stein erhöht die Konzentration, er fördert ein kritisches Bewusstsein und die Selbsterkenntnis. Kombiniert mit dem Bergkristall und dem Rosenquarz kann er auch vor Computerstrahlen schützen.
> Der Azurit eignet sich besonders zum Auflegen auf das Stirnchakra – sowohl zur direkten Anwendung als auch zur Meditation.

Baryt PRAXIS

Baryt (Schwerspat)

Farbe: farblos durchscheinend, gelb, braun, rot, grünlich
Fundort: Australien, Brasilien, Deutschland, Frankreich, Italien, USA
Geschichte: Im 19. Jahrhundert vom griechischen *barys* (= schwer) abgeleitet, wird das Mineral in der modernen Industrie zur Abschirmung unterschiedlicher Strahlen eingesetzt.

Heilwirkung

Körperlich: Nicht nur bei Strahlenbelastungen vermindert der Baryt Beschwerden. Er unterstützt ebenso eine aufrechte Haltung, reduziert Schmerzen im Bereich des aufgeblähten Bauchraums und lindert zudem HNO-Erkrankungen wie Halsentzündungen und Schluckbeschwerden, dicke Mandeln und Ohrenschmerzen. Wohltuende Wärme spendet er Menschen, die an Kälteüberempfindlichkeit leiden.
Seelisch: Das Mineral baut Sorgen und Sprechängste ab. Es sorgt für klare Gedankenmuster, erzeugt Freude an der eigenen Redegewandtheit und spendet vitalisierende Kraft bei Gedächtnisschwäche und Senilität.

❯ Unmittelbar auf die erkrankte Körperstelle aufgelegt, entfaltet der Baryt seine sanfte Heilwirkung.

❯ Aventurine, grün und rot (links), deren Erscheinungsbild sehr unterschiedlich ausfallen kann, Baryt (rechts oben) und Azurit (rechts unten).

Bergkristall

Farbe: weiß, durchscheinend
Fundort: Alpen, Arkansas (USA), Brasilien
Geschichte: *Krystallos,* »tiefgefrorenes Eis« – dieser griechisch-antike Vergleich verlieh dem Bergkristall seinen Namen. Damals diente er als Zauberstein, Kraft- und Energiespender.

Heilwirkung

Körperlich: Bergkristalle spenden Energie und beleben gefühlslose, energetisch unterversorgte Körperregionen. Sie können kühlend und fiebersenkend wirken und heiße Schwellungen sowie Schmerzen lindern, Spannungen und Blockaden lösen, die Gehirnhälften harmonisieren, die Nerven kräftigen und die Drüsentätigkeit anregen.
Seelisch: Der Bergkristall schärft die innere Wahrnehmung sich selbst und anderen gegenüber, ruft die innere Befindlichkeit in das Bewusstsein.
> Er ist für alle Chakren einsetzbar und verstärkt die Wirkung anderer Heilsteine. Mit Hilfe einer Bergkristallgruppe können Sie andere Steine wieder energetisch aufladen.

Bernstein

Farbe: hellgelb bis braunorange, bläulich, durchscheinend
Fundort: Deutschland, Litauen, Polen
Geschichte: Der Name Bernstein geht auf die niederdeutschen Verben *bernen* und *börnen* zurück und weist auf die Brennbarkeit des versteinerten Harzes hin.

Heilwirkung

Körperlich: Der Bernstein kann Nieren-, Milz- und Magenbeschwerden lindern

Wie »tiefgefrorenes Eis«: eine Bergkristallstufe aus Arkansas (USA).

sowie Krankheiten, die mit Stoffwechsel, Leber und Galle zusammenhängen. Er soll beim Zahnen von Kleinkindern helfen und Allergien und Hautkrankheiten wie Ekzeme, Pickel, Warzen und Flechten hemmen. Zudem kann er Knochen- und Muskelerkrankungen, wie Arthritis, Rheuma, Gicht und Arthrose, lindern. Wie ein Hustenbonbon in den Mund genommen, lässt er auch Entzündungen im Mund- und Rachenraum abklingen.
Seelisch: Der Bernstein bringt Licht ins Gemüt, schenkt Lebensfreude und Flexibilität. Damit verringert er Depressionen, verzweifelte Gedanken und Ratlosigkeit.
❯ Setzen Sie den Bernstein äußerlich im Bereich des Wurzelchakras ein. Wegen seiner sanften Energie sollte er so lange getragen werden, bis seine Schwingungsenergie nicht mehr spürbar ist.

Biotitlinse

Farbe: braun, grau, schwarz, silbrig glitzernd
Fundort: Brasilien, Norwegen, Portugal, Russland, USA, Südafrika
Geschichte: 1846 erhielt das schwarze Glimmergestein zu Ehren des französischen Naturforschers und Physikers Jean Baptiste Biot (1774–1862) seinen Namen. Die Portugiesen betrachteten Biotitlinsen seit jeher als »Schutz- und Gebärsteine« und mauern sie noch heute über den Eingängen ihrer Häuser ein.

❯ Bernsteinrohstück aus Litauen (oben) und Biotitlinse (unten).

Heilwirkung

Körperlich: Durch ihre Eisen- und Magnesiumhaltigkeit aktiviert die Biotitlinse die Wehen, entspannt den Beckenboden und den Muttermund. Der Geburtsstein wirkt ebenso abführend, entgiftend und reduziert die Übersäuerung im Organismus. Damit unterstützt er die Niere, lindert Ischias, Gicht und Rheuma.
Seelisch: Das Mineral befreit von aufgezwungenen Ansprüchen und überzogenen Fremderwartungen. Sanft verbessert es das Verhältnis zum eignen Körper, hilft Selbstvertrauen in der Sexualität aufzubauen.
❯ Die Biotitlinse wirkt an erkrankter Stelle am besten. Am Schambein aufgelegt, kann sie die Beckenbodengymnastik ergänzen.

HEILSTEINE VON A BIS Z

Boji (Pop Rock)

Farbe: grau, braun
Fundort: Frankreich, USA (Rocky Mountains, Dakota, Nebraska, Kansas)
Geschichte: Den mit einem Eisenerzmantel überzogenen Kugelpyriten schenkten amerikanische Geologen den Namen *Pop Rock*. Die Bezeichnung Boji hingegen geht auf esoterische Kreise beziehungsweise auf den in den USA allgemein gebräuchlichen tschechischen Familiennamen zurück.

Von oben nach unten: rosa Chalcedonrosette, blauer Chalcedon und Boji-Paar.

Heilwirkung

Körperlich: Wie kein anderes Mineral kann der Boji zur allgemeinen Gesundheitsvorsorge herangezogen werden. Er vermag leichte Blockaden im Organismus aufzulösen und unterstützt das ganzheitliche Wohlbefinden durch die Unterstützung von Reinigungs- und Ausscheidungsprozessen. Zudem verstärkt er den Energiefluss im Körper.
Seelisch: Einschränkende, negative Erinnerungen und Ahnungen, Gedanken und Verhaltensweisen beleuchtet und löst der Boji auf. Er spendet Vertrauen in die eigenen Gefühlsregungen.
❯ Blockaden werden aufgelöst und der Energiefluss wird angekurbelt, indem man bis zu einer halben Stunde jeweils einen Stein eines Boji-Pärchens in jeder Hand hält.

Calcit

Farbe: weiß, rosa (Mangano-Calcit), gelb (Citrino-Calcit) orange (Orangen-Calcit), hellblau, apfelgrün, braun, durchscheinend
Fundort: Alpen, Italien, Türkei, Mexiko, Peru
Geschichte: Griechisch *chalix,* lateinisch *calx* wird mit »Kalk« übersetzt. In der Antike war man sich bereits bewusst, dass Calcite aus kalkhaltigen Lösungen entstanden sind.

Heilwirkung

Körperlich: Kann der Orangen-Calcit und blaue Calcit Knochen, Zähne und Wirbelsäule festigen, Gewebe- und Knochenerkrankungen verhindern und das Wachstum fördern, so kann der grüne Calcit das Immunsystem, die Blutgerinnung, die Herzgefäße und die Herzkammern stärken. Zur Aktivierung des Stoffwechsels eignen sich der Citrino- und Mangano-Calcit. Sie können den Stuhlgang und die Verdauung regulieren. Der Mangano-Calcit soll zudem das Säure-Basen-Gleichgewicht und das Immunsystem stabilisieren.
Seelisch: Alle Calcite aktivieren die innere Tatkraft und das Gedächtnis, fördern das Selbstvertrauen und Standvermögen.
❯ Der Orangen-Calcit wirkt über das Bauchchakra, der blaue Calcit über das Halschakra und der grüne Calcit über das Herzchakra.

Chalcedon

Farbe: hellblau bis graublau
Fundort: Brasilien, Tschechien, Türkei, USA
Geschichte: Der Name Chalcedon geht auf die Stadt Calchedon am Bosporus zurück. Erst der Mystiker Albertus Magnus (um 1193–1280) übertrug im 13. Jahrhundert diese Bezeichnung auf das heute so genannte Mineral.

❯ Calcit weist, je nach enthaltenen Spurenelementen, verschiedene Farben auf.

Heilwirkung

Körperlich: Der Chalcedon kann Atemwegserkrankungen, Augenbeschwerden, Ohrenschmerzen, Gleichgewichtsstörungen und Ödeme lindern. Ebenso soll er entzündungshemmend und blutdrucksenkend wirken, das Immunsystem stimulieren und die Insulinproduktion fördern. So kann er in einem frühen Stadium von Typ-1-Diabetes helfen.
Seelisch: Er verbessert das Selbstvertrauen, die Kontaktfreudigkeit und das Verständnis für andere.
❯ Seine Kraft entfaltet der Stein über Halschakra oder Stirnchakra. Er kann auch direkt auf die Schmerzstelle wirken.

Chiastolith

Farbe: braun, grau, mit schwarzem Kreuz
Fundort: Algerien, Australien, Chile, China, Galicien, Sibirien
Geschichte: Erstmals publizierte der Geheime Oberbergrat Dietrich Karsten (1768–1810) im Jahr 1800 in seinen »Mineralogischen Tabellen« diese Bezeichnung. Sie setzt sich aus den griechischen Begriffen *chiastos* und *lithos* zusammen, was übersetzt »Kreuzstein« heißt.

Heilwirkung

Körperlich: Der Chiastolith wirkt vor allem der Übersäuerung des Körpers entgegen und schwächt damit Begleiterscheinungen von Rheuma und Gicht ab. Ebenso mildert er Erschöpfungs- und Lähmungserscheinungen und stabilisiert zugleich die Nerven.
Seelisch: Durch die Stärkung rationaler Denk- und Verhaltensmuster reduziert er Gefühle von Überforderung, löst

> Chrysopras (oben links), Chrysokoll (oben rechts) und drei Chiastolithscheiben (unten), deren kreuzförmige Zeichnung gut zu erkennen ist.

Ängste und Schuldgefühle auf und lässt die Gewissheit wachsen, den Erfordernissen des Alltags durch ein verstärktes Selbstbewusstsein gewachsen zu sein.
> Direkt an erkrankter Stelle aufgelegt, als Anhänger mitgeführt oder als Gegenstand innerster Betrachtung schenkt das Mineral seine heilende Wirkung sowohl dem Körper als auch der Psyche.

Chrysokoll

Farbe: türkisblau mit grün vermengt, undurchsichtig
Fundort: Arizona (USA), Israel, Kasachstan, Namibia, Peru, Südafrika, Ural (Russland)
Geschichte: Nach dem Griechischen bedeutet Chrysokoll »Goldleim«, ein Hinweis darauf, dass in der Antike Kupferminerale als Flussmittel beim Löten verwendet wurden.

Heilwirkung

Körperlich: Chrysokolle können krampflösend, entspannend und fiebersenkend wirken. Sie sollen den Körper bei Infektionen, Entzündungen im Hals-, Nasen- und Ohrenbereich sowie bei Brandwunden unterstützen. Außerdem wird ihnen die Wirkung zugeschrieben, die Schilddrüsenfunktion zu harmonisieren und bei stressbedingten Verdauungsstörungen zu helfen.

Seelisch: Chrysokolle fördern seelische Ausgewogenheit und gleichen Stress aus.
> Sie entfalten ihre Wirkung durch direkten Kontakt mit der Haut. Besonders wirksam sind sie im Bereich von Halschakra, Stirnchakra und Herzchakra.

Chrysopras

Farbe: apfelgrün, durchscheinend
Fundort: Australien, Brasilien, Schlesien
Geschichte: Infolge seines Aussehens bezeichneten die Griechen diesen grünen Stein als *chrysos prason*, als »Goldlauch«. In der Antike galt der Chrysopras als Heil- und Schutzstein gegen die Pest.

Heilwirkung

Körperlich: Der Chrysopras eignet sich besonders zur Entgiftung und Entschlackung, indem er die Lebertätigkeit aktivieren und die Herzkranzgefäße von Ablagerungen und Verstopfungen befreien soll. Damit ist er ein wertvoller Vorsorgestein gegen Angina pectoris. Er soll Hautkrankheiten (Neurodermitis) lindern und bei infektiös bedingter weiblicher Unfruchtbarkeit helfen.
Seelisch: Er schenkt Vertrauen und Geborgenheit.
> Unterstützt wird seine entschlackende Wirkung durch Fastenkuren. Am intensivsten wirkt er im Bereich des Herzchakras.

HEILSTEINE VON A BIS Z

Citrin

Farbe: hellgelb bis rötlich braun, durchsichtig
Fundort: Brasilien, Kongo, Madagaskar, Tansania, Ural (Russland)
Geschichte: Abgeleitet ist die Bezeichnung aus dem Griechischen und bedeutet »Zitronenstein«. 1546 ordnete der Arzt und Mineraloge Georg Agricola (1494–1556) diesem Mineral den Namen zu.

Coelestin aus Madagaskar (oben) und Citrin (unten).

Heilwirkung

Körperlich: Der Citrin kann infolge seiner entgiftenden Eigenschaften bei Kälteempfindlichkeit, Immunschwäche und Stoffwechselstörungen eingesetzt werden. Er kann die Nervenkraft stärken, die Funktion von Magen, Milz und Bauchspeicheldrüse unterstützen sowie Hormonstörungen verhindern. Zudem soll er die Verdauung anregen und durch die Steuerung der Insulinproduktion vor Zuckerkrankheit schützen. Der Citrin kann auch regenerierend und kräftigend auf die Leber einwirken.
Seelisch: Mental stärkt er Selbstsicherheit, Ausdruckskraft und Lebensmut, macht Lust auf neue Erfahrungen und kann leichte depressive Verstimmungen mildern.
❯ Der Citrin wirkt besonders kräftig im Bereich des Solarplexuschakras, des Bauchchakras und des Wurzelchakras.

Coelestin (Aqua-Aura)

Farbe: weiß bis graublau, durchscheinend
Fundort: Madagaskar, Marokko, Sizilien
Geschichte: Nach dem lateinischen Wort *coelestis,* das »himmelblau« bedeutet, benannte 1798 erstmals der Mineraloge Abraham Gottlob Werner (1749–1817) den neu entdeckten Coelestin.

Diamant PRAXIS

Heilwirkung

Körperlich: Der Stein kann Verhärtungen in den Knochen, im Gewebe, in den Muskeln und in den Organen lösen, Schnittwunden bei Verletzungen und kleinen Operationen schneller verheilen lassen, Unregelmäßigkeiten im Menstruationszyklus ausgleichen sowie Kraft und Energie spenden, wenn der Alltagsstress zu viel wird.
Seelisch: Coelestin fördert Zuversichtlichkeit und Optimismus, löst Gefühle von Enge und Beklemmung und stabilisiert den seelischen Zustand, indem er Geist, Körper und Seele in Einklang bringt. Vor allem in Familien sorgt er für Harmonie.
❯ Seine Schwingungsenergie dringt über das Halschakra und Stirnchakra ein und heilt, dort aufgelegt, an Ort und Stelle.

Diamant

Farbe: weiß, gelb, bräunlich, durchscheinend
Fundort: Afrika, Australien, Brasilien, Jakutien (Russland)
Geschichte: Die Bezeichnung Diamant leitet sich ab vom griechischen *adamas* und bedeutete »der Unbezwingbare«. Dieser Name wurde ihm in der Antike aufgrund seiner Härte verliehen.

Heilwirkung

Körperlich: Der Diamant kann den Heilprozess von Nerven, Sinnesorganen, Hormondrüsen und im Gehirn fördern. Er soll den Körper reinigen und bei Verstopfung im Bereich des Darms und der Herzkranzgefäße helfen. Ebenso kann er Nieren-, Blasen- und Magenbeschwerden lindern sowie bei Rücken-, Glieder- und Kopfschmerzen helfen.
Seelisch: Mental fördert er klare Erkenntnisse, geistige Freiheit, Selbstbestimmung, Charakterstärke und logisches Denken.
❯ Alle Chakren werden durch den Diamanten harmonisiert. Im Stirnbereich wirkt er am intensivsten.

❯ Rohdiamanten weisen würfelförmige oder achtflächige Kristalle auf.

HEILSTEINE VON A BIS Z

Dioptas

Farbe: dunkelgrün, durchscheinend
Fundort: Arizona (USA), südwestliches Afrika, Sverdlovsk (Russland), Zaire
Geschichte: 1806 erhielt der Dioptas seinen Namen vom französischen Mineralogen René-Just Haüy (1743–1822) nach dem griechischen Wort *diopteia* – »Hindurchsicht«, ein Hinweis auf sein Aussehen.

Heilwirkung

Körperlich: Der Dioptas soll durch seinen Kupfergehalt leberanregend wirken, jegliche Heilprozesse unterstützen, die physische Regenerationskraft verstärken und Schmerzen, Krämpfe sowie ständige Kopfschmerzen lindern. Er kann vor Erkrankungen der Atemwege bewahren und allergische und chronische Infekte im Bereich von Lunge, Nase und Hals lindern.

> Dioptas (oben links), Disthen (oben rechts) und Falkenauge (unten), das erst in geschliffener Form seine schillernden Farben entfaltet.

Seelisch: Er fördert Phantasie, Kreativität, Hoffnung und Gefühlstiefe. Kurz – ein vielfältiger Stein.

❯ Im Bereich des Herzchakras können Sie seine sanfte Schwingungsenergie am besten aufnehmen.

Disthen (Cyanit)

Farbe: hellblau, blau, blaugrau
Fundort: Brasilien, Finnland, Italien, Kenia, Russland, Schweiz, USA
Geschichte: Nach alter Überlieferung schätzten die griechischen Seefahrer (griechisch *kyanos* = blau) den Cyanit als Schutzstein. Sie waren überzeugt, Poseidon sei durch den Disthen auf die Erde gekommen, um Kraft (griechisch *dis* = zwei, *sthenos* = Kraft), Standhaftigkeit und Freude zu überbringen.

Heilwirkung

Körperlich: Gerade bei Heiserkeit und Entzündungen des Kehlkopfs gibt der Disthen die normale Stimme zurück und festigt auch das Sprachzentrum. Er stärkt das Kleinhirn und fördert dadurch auch die Gelenkigkeit und Fingerfertigkeit.
Seelisch: Besonders wichtig ist der Cyanit zur Ordnung chaotischer Lebensumstände, bei Frustration und Stress. Er spendet Zuversicht, um das Leben zu meistern, löst Schicksalsergebenheit und Passivität auf. Durch den Aufbau des Selbstwertgefühls

lässt er den Lebenssinn erkennen und führt zu einem selbstbestimmten Leben.

❯ Aufgrund seiner faserigen, spröden Kristalle kann das Mineral am Hals getragen oder in der Hand gehalten sowie als Meditationsstein verwendet werden.

Falkenauge

Farbe: bläulich, silbern, schimmernd
Fundort: Südafrika, Westaustralien
Geschichte: Erst in der zweiten Hälfte des 19. Jahrhunderts erhielt das Falkenauge seinen Namen. Die faserige Struktur mit einem wogenden Lichtschimmer erinnerte an die Augen von Greifvögeln.

Heilwirkung

Körperlich: Ein Falkenauge kann bei hormoneller Überfunktion, Nervosität und Zittern helfen, indem es den Energiefluss im Körper reduziert. Es soll lindernd im Bereich des Auges bei Kurzsichtigkeit, Augen- und Hornhautverletzung wirken, ebenso bei Migräne und chronischen Krankheiten wie Asthma.
Seelisch: Mental bietet das Falkenauge Hilfe bei Stimmungsschwankungen und Entscheidungsschwierigkeiten.

❯ Da das Falkenauge die Körperenergie reduziert, sollten Sie es nicht länger als eine Woche anwenden. Am intensivsten entfaltet es seine Schwingungsenergie über das Stirnchakra und das Halschakra.

Von oben nach unten: violetter und gelber Flourit; zwei achtflächige Flourite.

Fluorit (Flussspat)

Farbe: gelb, violett, grün, regenbogenfarbig
Fundort: China, England, Mexiko, Spanien, USA
Geschichte: Der Fluorit, erst seit dem 18. Jahrhundert bekannt, wurde synonym zum Namen Flussspat nach dem lateinischen Wort *fluere* (= fließen) bezeichnet. Er galt als Stein der Intuition, der Liebe und des Glücks.

Heilwirkung

Körperlich: Der Fluorit steht für die Regeneration der Haut und der Schleimhäute, für die Stärkung von Knochen und Zähnen, für Hilfe bei Gelenkbeschwerden sowie für Unterstützung der Tätigkeit des Nervensystems und Großhirns.
Seelisch: Er erleichtert Neuanfänge im Leben, fördert geistige Klarheit, schnelles Begreifen und spendet Ordnungssinn. Er ist als Konzentrations- und Lernstein zu werten.
➤ Fluorite sollten je nach Farbe eingesetzt werden: Der violette wirkt am besten auf das Stirnchakra, der gelbe auf das Solarplexuschakra, der regenbogenfarbige auf das Herzchakra.

Fuchsit

Farbe: grün, stark glitzernd
Fundort: Brasilien, Indien, Simbabwe, Ural
Geschichte: Der Name des chromhaltigen Glimmergesteins geht auf den Chemiker Johann Nepomuk von Fuchs (1774–1856) zurück, der die Mineralogie als Wissenschaft an der Münchener Universität etablierte.

Heilwirkung

Körperlich: Zur Nervenberuhigung und Stärkung des Immunsystems schenkt der Fuchsit wertvolle Hilfe. Zusätzlich wirkt er entgiftend, entzündungshemmend und reduziert allergische Beschwerden wie Schuppenbildung oder Juckreiz. Auch bei Strahlenschäden durch die Sonne kann er lindernd einwirken.

Gips | PRAXIS

Seelisch: Wie alle Glimmergesteine zeichnet der Fuchsit sich durch seine Schutzfunktion aus, fördert das Bewusstsein gegenüber Fremdbestimmungen und lässt äußeren Druck erträglicher erscheinen. Der Fuchsit sorgt für Abgrenzung und lässt persönliche Charakterzüge zu Tage treten. Durch die Förderung kreativer Problemlösungen sorgt er für ein sicheres und zielbewusstes Auftreten.

❯ Das Mineral mit seinen elastischen Spaltblättchen kann nur an betroffener Stelle aufgelegt oder in einem Stoffsäckchen am Körper getragen werden.

Gips (Selenit)

Farbe: weiß, grau, bräunlich, rötlich, mit Glasglanz
Fundort: Deutschland, Polen, Sahara, Sizilien, Tschechien, USA
Geschichte: Seit jeher verwendeten Bildhauer der Hochkulturen Mesopotamiens und am Nil den Naturgips als Werkstoff. Die Äthiopier, Griechen *(gypsos)* und Römer *(gypsum)* schenkten ihm seinen Namen. Alabaster, Marienglas und Sandrose gelten als Gipsvariationen.

Heilwirkung

Körperlich: Vor allem zur Stärkung von Gewebe und Knochen lassen sich die Gipsvariationen einsetzen. Sie lindern Schmerzen und lösen Verspannungen.

Seelisch: Das Mineral wirkt abschirmend und nervenberuhigend, es reguliert psychische Unregelmäßigkeiten, fördert die Selbstreflexion, löst destruktive Gedankenmuster auf und schenkt Stabilität und Ausgeglichenheit.

❯ Aufgrund der Bremswirkung seiner Schwingungsenergie soll dieses Mineral nur wenige Tage direkt am Körper getragen werden. Es empfiehlt sich stattdessen, einen Steinkreis aus Alabaster, Wüstenrosen und Marienglas aufzustellen.

❯ Fuchsit (hinten) und Selenit (vorne) – hier in Form einer Sandrose.

> Goldfluss als Rohstein (unten) und in geschliffener Form.

Dementsprechend lässt er auch Lymphknotenschwellungen abklingen.
Seelisch: Der Girasol sorgt für Klarheit, indem er archaische und ursprüngliche Vorstellungen und Bedürfnisse menschlichen Lebens zum Vorschein bringt. Seine Opalanteile reduzieren eine innere Rast- und Ruhelosigkeit, seine Quarzpartikel sorgen hingegen für die tatkräftige Umsetzung eigener Wünsche und Sehnsüchte im Alltag. Er schenkt ein Stück Freiheit und inneren Frieden.
> Besonders zur Massage angespannter Körperregionen eignen sich die Girasol-Kugeln und Handschmeichler. Sie können auch prophylaktisch eingesetzt werden.

Girasol

Farbe: farblos klar, milchiger Schimmer
Fundort: Brasilien, Madagaskar
Geschichte: Für diese fast durchsichtige Opalvarietät hat sich der Name Girasol durchgesetzt. Die lichterfüllte Transparenz führte zu seiner Bezeichnung, die so viel bedeutet wie »im Sonnenlicht wenden« (italienisch *girare* = wenden, *sole* = Sonne).

Heilwirkung

Körperlich: Wie kein anderer Heilstein vermag der Girasol Anspannungen und Verhärtungen zu lösen, indem er den Lymphfluss und den Stoffwechsel fördert.

Goldfluss

Farbe: rotgelb, violett, glitzernde Einschlüsse
Fundort: Italien
Geschichte: Ab Mitte des 16. Jahrhunderts stellten italienische Mönche aus natürlichen Mineralen den Goldfluss her. Seither erfreut er sich als Schmuck- und Amulettstein größter Beliebtheit.

Heilwirkung

Körperlich: Bei psychosomatischen Krankheiten zeigt der Goldfluss seine Heilwirkung. Als Begleittherapie kann er bei Bulimie, Fettsucht und Magersucht eingesetzt werden. Er soll das Abwehr-

Granat PRAXIS

system stärken, die Begleiterscheinungen einer Salmonellenvergiftung lindern und vor Infektionskrankheiten wie Mandelentzündung bewahren.
Seelisch: Mental sorgt er für ein gesundes Selbstwertgefühl, für Herzenswärme und eine positivere Lebenseinstellung und spendet mehr Freude am Leben. Er hilft, den eigenen Körper mit allen Unvollkommenheiten anzunehmen und in Harmonie mit ihm zu leben. Er wirkt ausgleichend auf Gefühlsschwankungen während der Schwangerschaft.
> Der rotgelbe Goldfluss wirkt im Bereich des Wurzelchakras, der violette im Bereich des Stirnchakras.

tion von weißen Blutkörperchen anregen und Blutarmut verhindern. Er soll außerdem den Herzrhythmus und den Herzschlag kräftigen und kann innere Organe wie Bauchspeicheldrüse, Leber, Milz und Nieren schützen. Auf die inneren und äußeren Sexualorgane soll er aktivierend wirken und damit Potenzprobleme abschwächen.
Seelisch: Während Phasen der Veränderung und in scheinbar aussichtslosen Situationen kann der Granat das Durchhaltevermögen fördern.
> Seine stärkste Kraft spendet der Stein im Bereich des Wurzelchakras und des Solarplexuschakras.

Granat

Farbe: rot, rotbraun, dunkelrot
Fundort: Brasilien, Indien, Kanada, Madagaskar, Tschechien
Geschichte: Die zumeist rundlichen, vielfältig gebrochenen Kristallformen des Minerals führten mithilfe des lateinischen Ausdrucks *granum* (= Korn) zur Bezeichnung Granat.

Heilwirkung

Körperlich: Der Granat kann Blockaden vermindern, die Regenerationskraft des Körpers erhöhen und den Stoffwechsel anregen. Er soll den Kreislauf und das Immunsystem stabilisieren, die Produk-

> Granat (oben) und Girasol (unten), eine Varietät des Opals.

HEILSTEINE VON A BIS Z

Halit (Steinsalz)

Farbe: farblos, weiß, orange, rosa, blau, braun bis schwarz
Fundort: Deutschland, Österreich, USA
Geschichte: Seit Menschengedenken wird das Steinsalz abgebaut, schon vor mehr als 4500 Jahren am Schuhleistenkeil bei Hallstatt im österreichischen Salzkammergut. Die mineralogische Bezeichnung geht auf das keltische Wort für Salz (*hal*) zurück, das sich auch in zahlreichen anderen Ortsnamen wiederfindet, zum Beispiel im Namen Bad Reichenhall.

Heilwirkung

Körperlich: Steinsalz regt den Stoffwechsel an, es harmonisiert den Wasserhaushalt und das vegetative Nervensystem. Es entschlackt und entgiftet. Seine Kristalle schützen den Darm und stimulieren im Solebad die Hautdurchblutung. Besonders erfolgreich werden Halitanwendungen in Gradierwerken durchgeführt. Hier tropft die Sole durch aufgeschichtete Weiß- und Schwarzdornbündel. Die damit freigesetzten Halitpartikel wirken heilend bei Atemwegserkrankungen und Allergien. Eine ähnliche Wirkung ist in

> Von links nach rechts: Hämatitstufe aus Marokko in nierenförmiger Gestalt, Heliodor und Halitkristalle.

den Stollen der Salz- und Erzbergwerke zu erzielen.

Seelisch: Reinigend wirkt Steinsalz auch auf der psychischen Ebene; es löst eingefahrene Denkmuster. Es verleiht Vitalität und erzeugt innere Ausgewogenheit.

> Steinsalz kann die Atmosphäre entstören, wenn Halitlampen die Umgebung erleuchten.

Hämatit (Blutstein)

Farbe: grau, metallisch glänzend, undurchsichtig
Fundort: Arizona (USA), Brasilien, Schweiz
Geschichte: Das griechische Wort *haemateios* (= blutig) gab dem Stein seinen Namen. Diese Bezeichnung ergab sich, da sich das Schleifwasser des Hämatits rot verfärbt.

Heilwirkung

Körperlich: Hämatite fördern die Eisenaufnahme, die Bildung von roten Blutkörperchen und die Sauerstoffversorgung der Zellen. Eine Regenerierung der Nieren kann man ebenfalls feststellen, falls sie nicht akut entzündet sind. Zudem wirken Hämatite ausgleichend bei Strahlenbelastungen.
Seelisch: Hämatite schenken Kraft, Spontaneität und Lebendigkeit. Sie lösen seelische Verkrampfungen.

> Hämatite können zum Auflegen verwendet werden – aber nicht bei offenen Wunden. Sie dienen vor allem zum Entladen der anderen Heilsteine (Seite 33).

Heliodor

Farbe: gelblich-grün, durchscheinend
Fundort: Brasilien, Sri Lanka, Südafrika, USA
Geschichte: Als *heliou doron*, »Sonnengeschenk«, bezeichneten die Griechen dieses Mineral. Sie dachten, in ihm wohne das Licht und die Sonne, und trugen es daher als Amulett und Heilstein.

Heilwirkung

Körperlich: Der Heliodor soll Herzrhythmusstörungen und Herzerkrankungen vorbeugen, die Blutzirkulation anregen und sauerstoffreicheres Blut bilden. Er kann bei Muskelkater und Seitenstechen helfen, das vegetative Nervensystem unterstützen, soll Kurz- und Weitsichtigkeit lindern sowie entgiftend und leberanregend wirken.
Seelisch: Der Stein gleicht seelische Schwankungen aus und spendet neuen Lebensmut.

> Als Augenheilstein sollte der Heliodor abends auf die geschlossenen Augen gelegt werden. Seine Schwingungsenergie entfaltet er am besten im Bereich des Solarplexuschakras und des Herzchakras.

HEILSTEINE VON A BIS Z

Herkimer-Diamanten zählen als besondere Form zu den Bergkristallen.

Heliotrop (Hildegard-Jaspis)

Farbe: lauchgrün, orange mit dunkelroten, punktartigen Tupfen
Fundort: Australien, Brasilien, China, Indien
Geschichte: *Heliou tropai* (altgriechisch) bedeutet »Sonnenwende«. Diese Bezeichnung weist auf die magische Verwendung des Heliotrop in der Antike hin, zum Beispiel in Orpheus' »Lithika«. Der Name Hildegard-Jaspis hingegen geht auf die Äbtissin Hildegard von Bingen zurück, die die roten Einschlüsse als das Blut Christi deutete.

Heilwirkung

Körperlich: Der Heliotrop kann die Lymphe anregen, den Körper entsäuern, den Krankheitserregern ihre Nährstoffe entziehen und die Immunabwehr aktivieren, bei beginnenden Infekten, Entzündungen und Eiterbildung helfen, Sehnenscheidenentzündungen, Ischias sowie Wadenkrämpfe und Gicht lindern. Bekannt ist auch seine unterstützende Wirkung während der Schwangerschaft. Er kann vor Unterleibserkrankungen und Bauchschmerzen schützen.
Seelisch: Der Heliotrop wirkt belebend, er beruhigt bei Nervosität, Aggressivität und Gereiztheit.
❯ Der Stein wirkt am besten über das Herzchakra.

Herkimer-Diamant

Farbe: weiß, durchsichtig, doppelendige Kristalle
Fundort: Herkimer County (USA)
Geschichte: Die diamantähnliche Kristallstruktur sowie die Heimat, Herkimer County im Staat New York, führten zur Bezeichnung Herkimer-Diamant.

Heilwirkung

Körperlich: Der Herkimer-Diamant enthält fast alle heilenden Eigenschaften des Bergkristalls, er kann Entzündungen

Howlith   PRAXIS

und Infektionen vorbeugen und soll Quetschungen und Zerrungen lindern. Bei krebsartigen Erkrankungen wie Wucherungen und Tumoren kann er für eine Begleittherapie verwendet werden.
Seelisch: Mental hilft der Herkimer-Diamant, Entscheidungen leichter zu treffen, sich selbst besser zu verwirklichen, Vergangenes sowie innere Blockaden aufzuarbeiten.
 Herkimer-Diamanten öffnen alle Chakren. Sie verstärken damit die Wirkung anderer Heilsteine.

Howlith

Farbe: weiß, mit grauen Adern
Fundort: China, Kalifornien (USA), Mexiko, Südafrika
Geschichte: Erst im 19. Jahrhundert wurde dieses Calcium-Bor-Gestein vom kanadischen Chemiker und Geologen Henry How (1828–1879) entdeckt.

Heilwirkung

Körperlich: Aufgrund des Borgehalts beeinflusst der Howlith die Magen- und Darmflora, lindert damit Übelkeit, Krämpfe und Durchfall. Zudem stabilisiert er den Gleichgewichtssinn, fördert die Entspannung des Nervensystems und wirkt äußerlich bedingten Vergiftungserscheinungen entgegen. Seine Calciumbestandteile hingegen führen zur Förderung von Hormonen, Enzymen und Eiweiß. Sie regen auch den Stoffwechsel an.
Seelisch: Die Konstellation der chemischen Grundsubstanzen sorgt für innere Ruhe und Ausgeglichenheit, Vertrauen und Harmonie – das heißt für ein selbstbestimmtes, glückliches Leben.
> An betroffener Stelle oder über das Halschakra und das Solarplexuschakra kann der Howlith am besten Übelkeit und Magenverstimmungen abmildern.

> Heliotrop (oben) und Howlith (unten), der gefärbt fast wie ein Türkis aussieht.

81

HEILSTEINE VON A BIS Z

Hyazinth (Zirkon)

Farbe: rotbraun, durchscheinend
Fundort: Australien, Brasilien, Indien, Kanada, Sri Lanka, USA
Geschichte: 1789 erhielt das Mineral von dem Chemiker Martin Heinrich Klaproth (1743–1817) den Namen Zirkon. Die Bezeichnung Hyazinth hingegen geht auf die griechische Sagengestalt Hyakinthos zurück, der als Inbegriff des »schönen Jünglings« galt.

Heilwirkung

Körperlich: Der Hyazinth kann die Leber anregen, Schmerzen und Krämpfe lindern und bei Menstruationsbeschwerden helfen. Er soll den Heilungsprozess bei Lungen- und Bronchialkrankheiten unterstützen, entgiftend und fiebersenkend wirken sowie Darmstörungen lindern.
Seelisch: Der Stein hilft, Wichtiges von Bedeutungslosem zu unterscheiden sowie sich für Neues im Leben zu begeistern.

> Von links nach rechts: Jade, Hyazinth und Islandspate, deren charakteristische Kristallform eine darunter liegende Schrift doppelt erscheinen lässt.

> Wurzelchakra und Bauchchakra sind die Bereiche, in denen der Hyazinth seine Wirkung entfaltet. Bei Krämpfen sollte er nur eine Stunde einwirken.

Island- oder Doppelspat

Farbe: gelblich, rosa, weiß, durchscheinend
Fundort: Island, Mexiko, USA
Geschichte: Die Bezeichnungen Island- oder Doppelspat weisen auf die Herkunft und die rautenförmige Kristallstruktur hin. Beim Hindurchsehen ergibt sich ein doppelter Brechungseffekt.

Heilwirkung

Körperlich: Durch seinen hohen Calciumgehalt soll der Island- oder Doppelspat Erkrankungen im Bereich der Zähne, Knochen, Nägel und Haare lindern. Kann vor allem der rosarote Islandspat zur Bekämpfung von Gicht und Arthritis eingesetzt werden, so reduzieren der gelbe und weiße Doppelspat Schmerzen im Bereich der Wirbelsäule.
Seelisch: Der Islandspat harmonisiert das Gefühlsleben und hilft uns, die eigenen Wünsche und die anderer besser zu verstehen.
> Seine Schwingungsenergie vermittelt der Doppelspat am besten über das Stirnchakra und das Solarplexuschakra.

Jade

Farbe: gelb, grün, schwarz, violett
Fundort: Ägypten, Burma, China, Mexiko, Schlesien
Geschichte: Die Bezeichnung Jade geht auf das spanische Wort *piedra de ijada,* »Lendenstein«, zurück. Als Kolonialherren lernten die Spanier diesen Stein bei den südamerikanischen Indianern kennen, die ihn als Nierenheilstein verwendeten.

Heilwirkung

Körperlich: Jade soll die Nierenfunktion anregen und vor Krankheiten im Bereich von Milz, Leber und Darm schützen. Zugleich kann der Stein den Säure-Basen-Haushalt anregen und die Reaktionsfähigkeit durch die Aktivierung der Nerven steigern.
Seelisch: Mental schenkt die Jade Freude und Lebenslust und bewahrt vor stressbedingten Einschlafstörungen. Sie trägt zur Selbstverwirklichung bei und sorgt für Aktivität.
> Jade dringt mit ihrer sanften Energie durch alle Chakren in unseren Körper ein. Besonders empfiehlt sich das Auflegen auf Stirn und Nieren.

HEILSTEINE VON A BIS Z

Jaspis

Farbe: gelb, grün, ziegelrot, leopardenfellartig oder hellbraun mit landschaftsähnlichen Einschlüssen, grünlich mit zumeist grauen, rosaroten oder gelben Einschlüssen, die wiederum grün umrandet sind (Ozeanjaspis)

Fundort: Ägypten, Arizona (USA), Australien, Brasilien, Mexiko, Südafrika

Geschichte: »Grün und oft durchscheinend ist der Jaspis... Sehr viele Völker tragen ihn« – so lautet die Beschreibung in der Naturgeschichte Plinius' des Älteren (23–79 n. Chr.), der damit einem anderen Mineral diesen Namen zuordnete. Erst in der modernen Wissenschaft wurde die Bezeichnung auf bunte, undurchsichtige Quarze festgelegt.

Heilwirkung

Körperlich: Alle Jaspisarten wirken entschlackend, stimulieren den Kreislauf und kräftigen die Leber, die Nieren und die Galle. Der grüne Jaspis stabilisiert besonders das Immunsystem, der gelbe unterstützt die Verdauung und der Ozeanjaspis kann sogar Tumoren vorbeugen.

Seelisch: Alle Jaspisarten fördern die Phantasie und Kreativität und helfen, gesetzte Ziele zu erreichen.

> Der Jaspis wirkt besonders intensiv über das Wurzelchakra, kann jedoch an jeder Stelle der Haut seine Schwingungsenergie entfalten.

Karneol

Farbe: orangerot bis dunkelrot, durchscheinend

Fundort: Australien, Brasilien, Indien, Südafrika, Uruguay

Geschichte: Der Karneol erhielt seinen Namen von dem lateinischen Ausdruck *carneolus* (= fleischfarben). Im alten Ägypten erfreute er sich als Schutzstein für Verstorbene größter Beliebtheit.

Ozeanjaspis (oben), Landschaftsjaspis (unten links), roter Jaspis (unten rechts).

Labradorit **PRAXIS**

Heilwirkung

Körperlich: Der Stein aktiviert den Kreislauf und die Durchblutung, die Aufnahme von Vitaminen, Nähr- und Mineralstoffen im Dünndarm und erhöht damit die Blutqualität. Durch diese Entgiftung kann der Karneol Beschwerden im Unterleib, wie Verdauungsprobleme, Darmerkrankungen, Nieren-, Gallen- und Leberleiden, lindern.
Seelisch: Als Stein der Erneuerung spendet er Mut, Vitalität, Lebensfreude und Gemeinschaftssinn.
❯ Besonders kräftig wirkt der Karneol im Bereich des Wurzelchakras. Seine starke Wirkung entfaltet dieser Heilstein, wenn man ihn längere Zeit aufliegen lässt – möglichst so lange, bis seine Schwingungsenergie fühlbar nachlässt.

Labradorit (Spektrolith)

Farbe: buntschillernd im grün-blauen Grundgestein
Fundort: Finnland, Labrador (Kanada), Madagaskar
Geschichte: Das Mineral wurde nach der kanadischen Halbinsel Labrador benannt, wo es im Jahre 1770 erstmals entdeckt wurde. Als der Stein im 20. Jahrhundert im finnischen Ylämaa gefunden wurde, erhielt er auch den Namen »Spektrolith« aufgrund seiner auffallend weit gefächerten Farbenpracht.

Heilwirkung

Körperlich: Der Labradorit kann bei rheumatischen Erkrankungen und bei Gicht eingesetzt werden. Er soll blutdrucksenkend wirken und Kreislauf und Herzrhythmus beruhigen.
Seelisch: Der Stein frischt das Erinnerungsvermögen auf, fördert die Fähigkeit, tiefe Gefühle zu empfinden sowie eigene Illusionen zu erkennen und abzubauen.
❯ Der Labradorit dringt in jedes Chakra gleichermaßen ein.

 Labradorit (oben) und Karneol (unten) entfalten als Trommelsteine ihre Pracht.

Lapislazuli

Farbe: hell- bis dunkelblau, undurchsichtig, Pyriteinschlüsse
Fundort: Afghanistan, Baikalsee (Russland), Chile
Geschichte: Seit fast 10 000 Jahren dient der Lapislazuli als Schmuck- und Heilstein, lateinisch benannt nach seiner Farbe *lapis lazuli,* »blauer Stein«.

Heilwirkung

Körperlich: Der Lapislazuli wirkt vor allem im Hals-, Nasen- und Ohrenbereich: Er kann Heiserkeit, Schluckbeschwerden sowie Erkältungskrankheiten mildern. Außerdem soll er die Funktion der Schilddrüse regulieren und den Blutdruck senken sowie Neuralgien, Kopf- und Gliederschmerzen lindern. Ebenso bewährt ist er bei Hauterkrankungen; er soll bei Ekzemen, Ausschlägen und Flechten helfen. Der Lapislazuli kann zudem Schmerzen nach einem Insektenstich oder einem Sonnenbrand mildern.
Seelisch: Als »Stein der Wahrheit« hilft Lapislazuli, Kritik anzunehmen und weiterzugeben. Außerdem unterstützt er den Wunsch nach Liebe, Geborgenheit und Wärme – ein idealer Stein für Freundschaft und Partnerschaft.
❯ Seine Kräfte entfaltet der Stein besonders in der Region des Halschakras und des Stirnchakras.

Larimar

Farbe: hellblau, weiß
Fundort: Dominikanische Republik
Geschichte: Erst 1974 fanden der Amerikaner Norman Reilly und der Mineneigentümer Miguel Mendez den blauen Stein in der Dominikanischen Republik am Meeresstrand der Karibik. Von Mendez erhielt er seinen Namen, zusammengesetzt aus dem Vornamen seiner Tochter Larissa und *mar,* dem spanischen Wort für »Meer«.

Heilwirkung

Körperlich: Der Larimar regt vor allem die Selbstheilungskräfte des Körpers an, er löst schmerzende Verspannungen und Blockaden auf, stimuliert alle Gehirnfunktionen und lindert Beschwerden, besonders im Bereich der Brust, des Halses und des Kopfes.
Seelisch: Eingleisigkeit und Passivität vermag er in Aufgeschlossenheit, aktives Denken und Handeln umzuwandeln. Durch eine differenzierte, verstärkte Wahrnehmung verdeutlicht er negative und positive Einflüsse und hilft, neue Erkenntnisse konstruktiv zu verarbeiten.
❯ Über das Solarplexuschakra, Herzchakra und Stirnchakra überträgt der Larimar am besten seine Heilenergie. Ebenso sorgt er, an anderen schmerzenden Stellen aufgelegt, für Linderung.

Magnesit   PRAXIS

Magnesit

Farbe: weiß, wolkig
Fundort: China, Elba, Österreich, Polen, Satkinsk (Russland), Simbabwe, Südafrika, USA
Geschichte: Der Stein erhielt 1808 seinen Namen infolge seines Magnesiumgehalts (Magnesiumcarbonat) und seines traditionellen thessalischen Fundorts Magnesia.

Heilwirkung

Körperlich: Durch die Unterstützung des Magnesiumstoffwechsels kann der Stein entgiften, die Cholesterinwerte senken und Krämpfe wie Gallenkoliken, Krämpfe innerer Organe, Migräne und Kopfschmerzen lindern. Der Magnesit soll auch die Blutgerinnung hemmen, den Abbau von Fettablagerungen fördern und vorbeugend gegen Herzinfarkt wirken.
Seelisch: Der Stein verhilft zur Entspannung, er stärkt das Selbstwertgefühl, sorgt für ein besseres Einfühlungsvermögen und hilft, seelische Verstimmungen zu mildern.
❯ Der Magnesit entfaltet seine größte Wirkung, wenn man ihn auf das Solarplexuschakra auflegt.

❯ Von links nach rechts: Besonders schöne Lapislazuli-Stücke aus Afghanistan, die durch ihr intensives, dunkles Blau bestechen, Magnesit und Larimar.

HEILSTEINE VON A BIS Z

Magnetit

Farbe: schwarz, rostbraun, undurchsichtig
Fundort: Brasilien, Kiruna (Schweden), Norwegen
Geschichte: Der römische Autor Plinius der Ältere (23–79 n. Chr.) erklärt die Bezeichnung nach der mythologischen Hirtengestalt Magnes. Dessen mit Eisennägeln zusammengehaltene Schuhe sollen einst an einem Felsen hängen geblieben sein, der das Mineral enthielt.

Heilwirkung

Körperlich: Der Magnetit regt den Energiefluss an, er kann die Drüsenfunktion zum Beispiel der Bauchspeicheldrüse, der Organe des Lymphsystems sowie der Milz fördern.
Seelisch: Auf geistiger Ebene steigert der Magnetit die Reaktionsfähigkeit. Er fördert außerdem die Selbstbeurteilung, die Reflexion über andere Menschen sowie über die auf uns einströmenden Eindrücke.

> Im Uhrzeigersinn (oben links beginnend): Magnetit, Malachit und Steinmeteorit. Der Meteorit ist auch in Form von schlackenförmigen Eisenmeteoriten zu finden.

> Da der Magnetit vor allem auf mentaler Ebene wirkt, gibt er über das Scheitelchakra seine Schwingungsenergie am intensivsten weiter.

Malachit

Farbe: dunkelgrün, undurchsichtig
Fundort: Arizona (USA), Australien, Ural, Zaire
Geschichte: Die geringe Härte und die Farbe gaben dem Stein seinen Namen; dieser leitet sich ab von den griechischen Wörtern *malache* (= Malve) und *malako* (= weich).

Heilwirkung

Körperlich: Als so genannter »Hebammenstein« kann der Malachit unterstützend bei der Geburt eingreifen. Er soll die weiblichen Geschlechtsorgane stärken, die Leberwerte verbessern, für Entsäuerung und Entgiftung sorgen und sogar Rheuma lindern. Ebenso kann er bei Infektionen, Strahlenbelastungen, Bandscheiben- und Gelenkentzündungen helfen.
Seelisch: Der Malachit hilft uns, in unser Innerstes vorzudringen, er unterstützt die Vorstellungskraft und die Fähigkeit, Entscheidungen zu fällen.
> Sie können den Malachit auf alle Chakren einwirken lassen, er entfaltet seine Energie jedoch am besten im Bereich des Herzchakras.

Meteorit

Farbe: schwarz, rostbraun, eisengrau
Fundort: Argentinien, China, Namibia, Russland, USA
Geschichte: Vom griechischen Wort für »Himmelserscheinung« *(metereon)* abgeleitet, wurden die Meteoriten als feurige Kugeln vor allem von den arabischen Gelehrten bewundert. Sogar der Prophet Mohammed selbst bezeichnete den Meteoriten in der Kaaba zu Mekka als den »schwarzen Stein vom Paradiesgarten«.

Heilwirkung

Körperlich: Der Meteorit vermag Blockaden und Verspannungen – besonders der Muskelpartien – abzubauen. Zudem reduziert er nervöse und gestresste Verhaltensweisen.
Seelisch: So unberechenbar er vom Himmel fällt, so unvorhergesehen bringt er Tiefgreifendes aus der Unendlichkeit des Weltalls mit sich. Weit im Inneren sitzende Bedürfnisse fördert er an die Oberfläche. Damit modifiziert er bisherige Vorstellungen, alltägliche Auffassungen und mittelfristige Ausrichtungen. Das Dasein erhält einen neuen Lebenssinn.
> Am besten eignet sich das Solarplexuschakra, die »überirdischen« Schwingungen der Meteoriten aufzunehmen.

Moldavit

Farbe: flaschengrün, durchscheinend
Fundort: Tschechien
Geschichte: Vor etwa 15 Millionen Jahren traf in der Region des heutigen Nördlinger Rieses ein gewaltiger Meteorit auf die Erdoberfläche und hob einen Krater von etwa 25 Kilometer Durchmesser aus. Durch den Aufschlag bildete sich eine Gesteinsschmelze, die 400 Kilometer weiter bis zur Moldau geschleudert wurde. An diesen Fundort erinnert die Bezeichnung des Minerals.

Heilwirkung

Körperlich: Der Moldavit lindert sämtliche Begleiterscheinungen von Infektionen, HNO-Erkrankungen und Anämie. Durch die Bewusstmachung des seelischen Gegenbildes zum Körper beziehungsweise des Ursprungs einer Krankheit weist er den Weg zur Gesundung.
Seelisch: Vorwiegend unterstützt er Denkprozesse, um in letzter Konsequenz die Bedeutungslosigkeit materieller Güter zu erkennen. Durch die Ausformung der eigenen Sensibilität lässt er den Menschen sich als spirituelles Wesen wahrnehmen, der auf dieser Ebene mit Weitblick, ja bisweilen mit Hellsichtigkeit, ausgestattet ist.
❯ Die zur geistigen Erweiterung förderlichen Energien des Moldavits entwickeln sich vor allem im Bereich des Stirnchakras.

Mondstein

Farbe: weiß-bläulich, grau-gelb oder auch bräunlich
Fundort: Brasilien, Indien, Madagaskar, Sri Lanka, USA
Geschichte: Der Mondstein erhielt seinen Namen Ende des 18. Jahrhunderts infolge seines kühlen, weiß-blauen Lichtscheins.

Heilwirkung

Körperlich: Der Mondstein kann beruhigend bei Hormonumstellungen, im Klimakterium und bei Menstruationsbeschwerden wirken. Darüber hinaus soll er die weibliche Fruchtbarkeit fördern, den Stoffwechsel und die Funktion der Zirbeldrüse anregen. Damit kann er die Abstimmung des Hormonzyklus auf die natürlichen Rhythmen verbessern.
Seelisch: Auf spiritueller Ebene stärkt der Mondstein das weibliche Selbstwertgefühl und unterstützt die Lebenslust, die Hormon- und Gefühlswelt.
❯ Anzuwenden ist der Mondstein in der Region des Bauchchakras.

Moqui-Marbles (Eisenoolith)

Farbe: bräunlich, metallisch glänzend
Fundort: Arizona, Utah (USA)
Geschichte: *Moqui* leitet sich vom Indianischen ab und heißt »treuer Liebling«.

Moqui-Marbles PRAXIS

Noch heute betrachten die Indianer die Moqui-Marbles als Schutz- und Glückssteine.

Heilwirkung

Körperlich: Bei den Moqui-Marbles handelt es sich um Sandsteine mit eingelagerten Eisenoxid-Kügelchen (Oxiden). Daher fördern sie die Eisenaufnahme und Blutbildung und wirken somit auf den menschlichen Organismus regenerierend und immunstärkend.
Seelisch: Mental lenken die Moqui-Marbles die Aufmerksamkeit auf unsere Grundbedürfnisse nach Erholung, Genuss und Gemütlichkeit. Als Energiesteine erwecken sie in uns Körperwärme sowie das Bedürfnis nach Zuneigung und Zärtlichkeit. Sie bauen Aggressivität, Geltungssucht, Neid und Habgier ab. Sie lösen innere Blockaden und Stauungen und sorgen für Ausgeglichenheit, für Harmonie zwischen Seele, Geist und Körper.

❯ Die Moqui-Marbles wirken paarweise, indem man je einen Stein in jeder Hand hält. Sie entfalten ihre heilende Wirkung aber auch durch Auflegen auf eine erkrankte oder schmerzende Stelle.

Von links nach rechts: Moqui-Marbles, die am stärksten paarweise wirken (außen die männliche, daneben die weibliche Form), Moldavit und Mondstein.

HEILSTEINE VON A BIS Z

> Schneeflockenobsidian (oben) und Onyx (unten).

Obsidian

Farbe: mahagonibraun, schwarz mit schneeflockenartigen, silbrigen oder regenbogenartigen Einschlüssen
Fundort: Hawaii, Liparische Inseln, Mexiko, Island, Utah (USA)
Geschichte: Nach Plinius dem Älteren (23–79 n. Chr.) geht der Name auf den Römer Obsius zurück, der den Stein in Äthiopien entdeckt haben soll.

Heilwirkung

Körperlich: So vielfältig Obsidiane auch sein mögen (Mahagoni-, Schneeflocken-, Silber- oder Regenbogenobsidian), sie zeigen alle eine vergleichbare Heilwirkung: So können sie bei Blockaden, Schocks, Traumatisierungen und Angst helfen. Sie sollen die Energieversorgung und Durchblutung verbessern und können außerdem Schmerzen und Verspannungen lindern.
Seelisch: Mental stärken Obsidiane die eigene Wahrnehmung und erhöhen die Fähigkeit, Verfestigtes aufzulösen und Neues aufzunehmen.

> Obsidiane wirken über alle Chakren.

Onyx

Farbe: schwarz, undurchsichtig
Fundort: Brasilien, Indien, Madagaskar, Mexiko, USA
Geschichte: *Onyx* bedeutete im Griechischen »Nagel«. Die Bezeichnung entstand aufgrund der Bänderung der Achate, die in der Antike diesen Namen trugen. Der heutige Onyx erhielt erst im 18. Jahrhundert seinen Namen.

Heilwirkung

Körperlich: Der Onyx soll Innenohrerkrankungen lindern, Hörgeräusche eindämmen und die Begleiterscheinungen eines Hörsturzes mildern. Er kann den Gleichgewichtssinn verbessern, die Funktion der motorischen und sensorischen Nerven sowie das Immunsystem unterstützen und Blutstauungen lösen,

Opal | PRAXIS

die Verkalkungen und Krampfadern verursachen können.
Seelisch: Der Onyx fördert Selbstbewusstsein und Realismus. Er sorgt für Ausgeglichenheit, psychische Widerstandskraft und Stabilität. Damit schützt er vor innerer Niedergeschlagenheit und dem Gefühl des Ausgebranntseins, vor Verzweiflung und Depressionen.

› Da der Onyx langsam wirkt, sollte er im Bereich des Halschakras so lange eingesetzt werden, bis seine Schwingungsenergie nachlässt.

Opal

Farbe: weiß (Milchopal), blau, rötlich (Feueropal), schwarz, regenbogenartig schillernd (Boulderopal)
Fundort: Australien, Brasilien
Geschichte: Schon im Namen verbirgt sich der Inbegriff des Edelsteins. Sowohl das altindische *upala* als auch das lateinische *opalus* bedeuten wörtlich übersetzt »Edelstein«.

Heilwirkung

Körperlich: Kann der Milchopal besonders den Magen, die Drüsen in der Magenschleimhaut und den Stoffwechsel aktivieren, so soll der Boulderopal die Verkalkung und Entzündung von Venen und Arterien hemmen und dem Herzinfarkt vorbeugen. Ebenso kann er für eine unbeschwertere Lebensauffassung sorgen. Der schwarze Opal kann den Körper gegen Viren und Bakterien unterstützen, der Feueropal die Funktion der Geschlechtsorgane und Nebennieren anregen.
Seelisch: Alle Opale wirken kräftigend und vitalisierend, sodass sie Phantasie und Kreativität steigern.

› Opale sollten vor allem in der Region des Herzchakras aufgelegt werden.

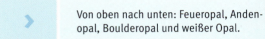
Von oben nach unten: Feueropal, Andenopal, Boulderopal und weißer Opal.

HEILSTEINE VON A BIS Z

Orthoklas

Farbe: gelblich, goldgelb, rötlich, braun, durchsichtig
Fundort: Burma, Indien, Madagaskar, Mexiko, Sri Lanka, Tansania, USA
Geschichte: Der Name Orthoklas weist auf seine innere Struktur hin (griechisch *orthos* = gerade, *klasis* = Bruch). Einst galt er bei den afrikanischen Nomadenvölkern als Kultstein.

Heilwirkung

Körperlich: Als Feldspat wirkt der Orthoklas Schlafproblemen, Nervosität, Rast- und Ruhelosigkeit entgegen. Zudem hilft er bei belastenden Beklemmungszuständen, Magenverstimmungen und Herzbeschwerden.
Seelisch: Auf allen Ebenen verstärkt er hervorragend die Sinneswahrnehmung. Durch diese Sensibilisierung verwandelt er niederdrückenden Kummer, schmerzhaften Vertrauensverlust und ständige Selbstzweifel in Flexibilität und Mobilität, in Hoffnung und Lebensfreude.
› Als Antidepressivum sollte der Orthoklas als Handschmeichler stets mitgeführt beziehungsweise täglich mehrmals an betroffener Stelle positioniert werden.

Peridot (Chrysolith)

Farbe: oliv- und flaschengrün, durchsichtig
Fundort: Burma, Kanarische Inseln, USA
Geschichte: Schon seit dem Mittleren Reich schätzten die Pharaonen das Mineral als Kult- und Heilstein. Eine Unheil abwehrende Wirkung schrieb man ihm vor allem im Mittelalter zu. Seither gilt Peridot als gleichbedeutend mit der französischen Bezeichnung Chrysolith (griechisch *chrysos* = Gold, *lithos* = Stein) oder auch mit dem durch seine Farbe bedingten Namen Olivin.

› Peridotkristalle auf Lavagestein (oben) und Orthoklas (unten).

Heilwirkung

Körperlich: Durch seine entgiftende Heilstärke beugt er Grippeerkrankungen vor, unterstützt Galle und Leber, den Dünndarm und den Stoffwechsel. Zudem reduziert er die Warzen- und Pilzbildung.
Seelisch: Der Peridot vermindert das negative »In-Resonanz-Gehen«, das heißt, sich vom Hass leiten zu lassen oder sich ganz und gar Schuldgefühlen hinzugeben. Selbstverzeihung, innere Freiheit und Ausgewogenheit treten an dessen Stelle.

> Seine heilende Wirkung spendet der Peridot vor allem, wenn man ihn im Bereich des Solarplexuschakras oder des Bauchchakras auflegt.

Prasem

Farbe: lauchgrün mit braunen Einschlüssen
Fundort: Australien, Griechenland, Südafrika, USA
Geschichte: »Es gibt noch mehrere Arten von grünen Steinen: zu den gewöhnlicheren gehört der Prasem.« So bewertete der römische Gelehrte Plinius der Ältere (23–79 n. Chr.) in seiner Naturgeschichte das Mineral. Der Name des Steins hängt jedenfalls mit seiner Farbe zusammen: Er leitet sich ab vom griechischen Wort *prasos* – das bedeutet »Lauch«.

Heilwirkung

Körperlich: Der Prasem lässt nicht nur Blasenentzündungen abklingen, er kann auch allgemein zur Schmerzlinderung und bei überhöhter Körpertemperatur herangezogen werden. Zusätzlich hilft er bei Sonnenbrand und Schwellungen infolge von Insektenstichen und Stößen.
Seelisch: Auf unversöhnliche Charakterzüge und cholerische Verhaltensstrukturen wirkt das Mineral beruhigend und ausgleichend. Dabei entstehen konstruktive Ideen und rationale Problemlösungen.

> Aufgrund der sanft sich entwickelnden Schwingungsenergie muss der Prasem für längere Zeit auf schmerzender Stelle einwirken.

Diese Prasemkristalle mit Eisenrosen stammen aus Serifos in Griechenland.

Prehnit

Farbe: farblos, weiß, gelb, gelblich grün, durchscheinend
Fundort: Australien, Indien, Südafrika
Geschichte: Abraham Gottlob Werner (1749–1817), der Inspektor für Bergbaukunde und Mineralogie an der Freiberger Bergakademie, gab dem Stein seinen Namen, nachdem der niederländische Oberst Hendrick von Prehn (1733–1785) diesen 1783 vom südafrikanischen Kap der guten Hoffnung nach Europa importiert hatte.

Heilwirkung

Körperlich: Das Mineral stimuliert den Stoffwechsel, trägt zur Entschlackung bei, führt die im Fett eingespeicherten Giftstoffe ab und kann prophylaktisch gegen die Bildung von Arteriosklerose verwendet werden. Der gelbe Prehnit ist begleitend sogar beim Abbau von Übergewicht hilfreich.
Seelisch: In besonderer Weise fördert der Prehnit die Lern- und Aufnahmefähigkeit, greift stärkend in problematische Situationen ein und lässt die Toleranz gegenüber sich selbst und anderen wachsen.
❯ Zur Aktivierung des Stoffwechsels und Fettabbaus soll der Prehnit für längere Zeit im Bereich der Bauchspeicheldrüse, des Dünndarms und der Leber auf den Körper einwirken.

Pyrit

Farbe: silbern, golden, bläulich glänzend
Fundort: Australien, Elba, Mexiko, Peru, Schweden, Spanien
Geschichte: Da der Pyrit in der Antike als Feuerstein verwendet wurde, gaben ihm die Griechen den Namen *pyrites lithos* (griechisch *pyr* = Feuer).

Heilwirkung

Körperlich: Der Pyrit soll die Funktion der Körpersäfte fördern sowie Verdauungsprobleme und Entzündungen der Atemwege und der Lunge lindern. Er kann die Tätigkeit der Galle und Leber anregen und soll vor Schäden, Entzündungen und Krankheiten im Nervengewebe schützen. Zudem kann er vorbeugend und lindernd bei Beschwerden im Bereich der Wirbelsäule wirken, indem er die Knorpel stärkt.
Seelisch: Der Stein beleuchtet verborgene, belastende Bewusstseinsinhalte und beschleunigt auf diese Art Heilungsprozesse.
❯ Der Pyrit wirkt über das Solarplexuschakra. Er soll jedoch nicht länger als 30 Minuten aufgelegt werden. Durch die Abgabe von Eisensulfid können sonst Hautreizungen entstehen.

Rauchquarz

Farbe: hell- bis dunkelbraun, durchscheinend
Fundort: Brasilien, Madagaskar, Russland, Schweiz, USA
Geschichte: Der Name Quarz leitet sich ab vom Altslawischen *tvrudu* und Westslawischen *kwardy*, was übersetzt »hart« bedeutet. Der Mineraloge Friedrich Mohs (1783–1839) konnte erst im 19. Jahrhundert den hohen Härtegrad »7« bestätigen.

Heilwirkung

Körperlich: Vor allem lindert der Rauchquarz Verkrampfungen und löst dadurch verspannungsbedingte Rücken-, Nacken- und Kopfschmerzen auf. Er stärkt auch die Gelenke, Muskeln und Nerven, er kann sogar bei Strahlenschäden helfen oder zum Fettabbau herangezogen werden.
Seelisch: Durch die Stärkung rationaler Gedankenmuster hilft er, schwierige Situationen zu entwirren und zu meistern. Stress, Trauer, Niedergeschlagenheit und Depression kann er reduzieren. Er erhöht die Belastbarkeit und schenkt Freude am Leben.

> Der Rauchquarz sollte an betroffener Stelle aufgelegt oder bei psychischer Belastung für längere Zeit in der Hosentasche mitgeführt werden.

> Von links nach rechts: Pyrit, der hier als Grüppchen in Erscheinung tritt, Rauchquarz und Prehnit.

Rhodochrosit

Farbe: rosa mit weißen, streifenartigen Einschlüssen
Fundort: Colorado (USA), Harz (Deutschland), Peru, San Luis (Argentinien), Spanien, Ural (Russland)
Geschichte: 1813 erhielt dieses Mineral von Professor Johann Friedrich Ludwig Hausmann (1782–1859) seinen Namen. *Rhodochroos* (griechisch) heißt so viel wie »rosenfarbig«.

Heilwirkung

Körperlich: Als Heilstein kann der Rhodochrosit den Kreislauf aktivieren, den Blutdruck erhöhen und die Funktion der Keimdrüsen und Nieren anregen. Er fördert so die Verdauung und kann außerdem die Geschmeidigkeit der Blutgefäße steigern.
Seelisch: Auf geistiger Ebene erhöht der Stein die Spontaneität, Aktivität, Lebendigkeit und Erotik. Er hemmt seelische Verstimmungen und stärkt das Selbstwertgefühl.
➤ Seine tief reichende Schwingungsenergie entfaltet der Rhodochrosit am besten über das Herzchakra und das Wurzelchakra. Bei Bluthochdruck sollte er nicht eingesetzt werden.

Rhodonit

Farbe: rosa mit schwarzen Einlagerungen
Fundort: Australien, China, Madagaskar, Schweiz, Südafrika, Tansania, Ural, USA
Geschichte: Der Ilsenburger Berg- und Hüttenwerksdirektor Christoph Friedrich Jasche (1780–1871) bezeichnete 1819 diesen Heilstein erstmals nach seinem Aussehen als Rhodonit. Übersetzt bedeutet *rhodos* (griechisch) »Rose«.

Heilwirkung

Körperlich: Der Rhodonit ist als Wundheilstein einsetzbar. Er kann Schmerzen lindern, Vereiterungen vorbeugen und zeigt bei Insektenstichen eine entgiftende Wirkung. Im Rahmen einer Therapie kann er sogar bei Herz- und Kreislaufschwäche, bei Immunerkrankungen und bei Magengeschwüren eingesetzt werden.
Seelisch: Mental hilft der Rhodonit bei Beklemmungszuständen, bei Stress, Prüfungsangst und Lernblockaden, bei seelischen Leiden und Verletzungen. Er schenkt die Kraft, sich zu verändern und einen Neuanfang zu wagen. Damit fördert er die Selbstverwirklichung und die Zufriedenheit.
➤ In den Kreislauf dringt der Rhodonit am intensivsten über das Herzchakra und das Wurzelchakra ein.

Rosenquarz

Farbe: rosa, durchscheinend
Fundort: Brasilien, Kenia, Madagaskar, Namibia
Geschichte: Die Griechen und Römer schätzten den Rosenquarz als Stein der Liebe und des Herzens, den der antike Gott Eros beziehungsweise Amor auf die Erde gebracht haben soll.

Heilwirkung

Körperlich: Der Rosenquarz soll den Herzrhythmus harmonisieren, die Gewebedurchblutung anregen und die Symptome bei Erkrankungen des Blutes, so bei Leukämie und Anämie, lindern. Besonders soll er Krankheiten vorbeugen, die dem Herz schaden, wie Thrombose oder Herzinfarkt. Zudem kann er die Herzklappen und die Herzmuskulatur schützen. Bekannt ist auch seine aktivierende Heilkraft im Bereich der Geschlechtsorgane, der Brust, Gebärmutter, Eierstöcke und der Hoden.
Gerne wird der Rosenquarz als Schutzstein bei elektromagnetischen Strahlungen eingesetzt, so auch am Arbeitsplatz, wo die Strahlungen der Bildschirme auf den menschlichen Organismus einwirken. Wenn Sie sich vor Strahlungen schützen wollen, stellen Sie einen faustgroßen Rosenquarz zwischen sich und dem Monitor auf.

> Von oben nach unten: Rhodochrositkristalle, Rhodonit und Rosenquarzkristalle.

Seelisch: Mental verstärkt der Rosenquarz die Herzenskraft, Liebesfähigkeit, Empfindsamkeit und das harmonische Zusammenleben.
> Die weiche und zarte Schwingungsenergie des Steins kommt am stärksten im Bereich des Herzchakras zur Geltung.

HEILSTEINE VON A BIS Z

Rubin (Karfunkel)

Farbe: blutrot, bisweilen durchscheinend
Fundort: Brasilien, Burma, Norwegen, Sri Lanka, Thailand
Geschichte: *Ruber* ist lateinisch und bedeutet »rot«. Die blutrote Farbe ist es auch, die dem Edelstein seinen Namen verliehen hat. Im Mittelalter setzte sich dagegen die Bezeichnung Karfunkel durch, so zum Beispiel erwähnt bei der Äbtissin Hildegard von Bingen (1098–1179).

Heilwirkung

Körperlich: Der Rubin kann bei Infektionskrankheiten helfen, durch die ihm nachgesagte magische Heilkraft auf das Blut. Er kann fiebererhöhend wirken und so das Immunsystem unterstützen. Zudem soll er die Milz, den Kreislauf und die Nebennieren anregen.
Seelisch: Dieser Stein stärkt Mut, Leidenschaft, Vitalität und Lebensfreude. Er steigert die Leistungsfähigkeit und fördert die Umsetzung von erträumten Wünschen.

Von links nach rechts: Saphir – hier nicht funkelnder, sondern undurchsichtiger Stein aus Madagaskar –, Rutilquarz und Rubinkristall.

Saphir   PRAXIS

> In den Organismus dringt der Rubin am intensivsten durch das Herzchakra und das Wurzelchakra ein.

Rutilquarz

Farbe: durchsichtig, gelblich, bräunlich, bläulich mit goldenen oder rötlichen Nadeln
Fundort: Brasilien, Madagaskar, USA
Geschichte: Angeregt durch die zumeist rötlichen Fasern innerhalb des transparenten Gesteins, gab 1795 der Lehrer der Freiberger Bergakademie Abraham Gottlob Werner (1749–1817) dem Mineral nach dem lateinischen *rutilus* (= rötlich gelb) seinen Namen.

Heilwirkung

Körperlich: Gerade bei Erkrankungen der Atemwege hilft das Mineral. Während der farblose Rutilquarz Allergien, Asthma und Herzprobleme lindern kann, unterstützt der gelbliche die Abwehrkräfte des Körpers und verschafft Erleichterung bei einer Bronchitis. Die rötliche Variation hingegen dient zum Zellaufbau und zur Normalisierung der Verdauung, die bläuliche schließlich zur Fiebersenkung.
Seelisch: Der Rutilquarz ersetzt Unsicherheit durch Hoffnung in die eigene Zukunft, verleiht Unabhängigkeitsgefühle, macht Mut für eigene Vorstellungen.

> Besonders während der Meditation, im Bereich des Solarplexus und der Brust entfaltet der Rutilquarz seine Heilwirkung.

Saphir

Farbe: kornblumenblau, gelb, weiß, violett
Fundort: Australien, Brasilien, Indien, Sri Lanka
Geschichte: Im indischen Sanskrit bedeutet *sanipriyam* so viel wie »Liebling des Saturn«, das babylonische Wort *sipru* bedeutet »ritzend«. Die erste Herleitung erklärt, warum der Saphir in der indischen Medizin dem Saturn zugeordnet wird, die zweite dagegen weist auf die Härte des Edelsteins hin, der mit Ausnahme des Diamanten alle anderen Materialien schneidet.

Heilwirkung

Körperlich: Der Saphir soll in erster Linie chronische, rheumatische Darm-, Gehirn- und Nervenkrankheiten lindern und wirkt auch fiebersenkend. Er kann Ausschläge, Ekzeme, Juckreiz und Schuppenflechte mildern.
Seelisch: Geistig schenkt der Saphir Konzentration, Klarheit und selbstkritisches Bewusstsein.
> Am intensivsten wirkt er im Bereich des Stirnchakras.

101

Smaragd

Farbe: hellgrün, grasgrün, durchscheinend
Fundort: Australien, Brasilien, Indien, Kolumbien, Pakistan, Ural (Russland)
Geschichte: Die Bezeichnung Smaragd leitet sich vom indischen Sanskrit *samâraka*, dem persischen *zamarad* und dem altgriechischen *smaragdos* ab und heißt die »grüne Göttin der Steine«. Diese Bezeichnung verdeutlicht seine Bedeutung als Edel-, Heil- und Schmuckstein der Könige und Fürsten.

Heilwirkung

Körperlich: Unter den vielen Heilsteinen ragt der Smaragd aufgrund seiner umfangreichen Heilwirkung heraus. Er kann die Sehkraft unterstützen, Schmerzen in den Nebenhöhlen und oberen Atemwegen lindern. Er soll das Herz und die Herzmuskulatur kräftigen und damit Herzrhythmusstörungen vorbeugen. Er kann entgiften, indem er die Leber anregt. Darüber hinaus kann er das Immunsystem stärken und damit Infektionskrankheiten vorbeugen. Er soll auch die Nieren-, Verdauungs- und Stoffwechselorgane schützen und Stoffwechselerkrankungen sowie Muskelkrämpfe im Bereich der Beine und Hände verhindern. Ebenso kann er den Zuckerhaushalt regulieren, Kopfschmerzen verringern und rheumatischen Erkrankungen, Gelenkschmerzen und Gicht vorbeugen.
Seelisch: Der Smaragd schenkt Ausgeglichenheit und Regeneration und legt das Fundament für mehr Klarheit und Weitblick.

> Der Smaragd kann im Bereich aller Chakren aufgelegt werden.

Sodalith

Farbe: dunkelblau mit weißen Einschlüssen
Fundort: Brasilien, China, Kanada, Namibia, Südwestafrika
Geschichte: Infolge des hohen Natriumgehalts (englisch *sodium* = Natrium) gab 1811 der englische Chemiker Thomas Thomson (1773–1852) diesem Mineral seinen Namen.

Heilwirkung

Körperlich: Als Heilstein kann der Sodalith Erkrankungen im Bereich von Hals, Stimmbändern und Kehlkopf entgegenwirken. Er soll Heiserkeit lindern, die Insulinproduktion anregen und die Flüssigkeitsaufnahme im Körper unterstützen. Er kühlt, kann den Blutdruck und das Fieber senken und vor Infektionskrankheiten schützen.
Seelisch: Mental löst der Stein Blockaden auf, mindert Schuldgefühle und stärkt das Selbstbewusstsein.

Sphalerit   PRAXIS

> Besonders über das Halschakra und das Stirnchakra schenkt der Sodalith dem menschlichen Organismus seine heilende Wirkung.

Sphalerit (Zink- und Schalenblende)

Farbe: farblos, gelblich, rötlich oder braun, metallisch glänzend
Fundort: Burma, Dalnegorsk (Russland), Japan, Kanada, Peru, Sachsen, Spanien, Tschechien
Geschichte: Der Name Zinkblende weist auf die Zusammensetzung dieses Minerals hin. Die Bezeichnung Sphalerit hingegen (griechisch *sphaleros* = trügerisch) entstand aufgrund des metallischen Aussehens.

Heilwirkung

Körperlich: Der Sphalerit kann das Immunsystem, die Wundheilung sowie den Geruchs- und Geschmackssinn stärken und die Sehkraft fördern. Er soll Prostataleiden lindern und den Organismus vor Schadstoffen und Strahlung schützen. Sein hoher Gehalt an Spurenelementen kann Verwachsungen an Organen und Knochen vorbeugen.
Seelisch: Das Mineral sorgt für mehr Konzentration und Lebensfreude.
> Der Sphalerit wirkt über alle Chakren.

> Von links nach rechts: Smaragdkristalle auf Muttergestein, Sodalith und Sphalerit.

Staurolith

Farbe: braun, grau, kreuzförmig kristallisiert
Fundort: Australien, Brasilien, Frankreich, Madagaskar, Russland, Tschechien, USA
Geschichte: Als Leiter des »Königlichen Mineralienkabinetts« zu Berlin verlieh Dietrich Ludwig Gustav Karsten (1768–1810) im Jahr 1800 dem Mineral den Namen Staurolith, was so viel wie Kreuzstein heißt (griechisch *stauros* = Kreuz, *lithos* = Stein).

Heilwirkung

Körperlich: Der Staurolith kann vorbeugend gegen Infektionen und Pilzerkrankungen eingesetzt werden. Zudem unterstützt er Entgiftungsprozesse und trägt zu einem ausgeglichenen Flüssigkeitshaushalt bei.
Seelisch: Wie kein anderer Heilstein wirkt er eingefahrenen Denkweisen entgegen, die in der Vergangenheit unter Umständen zu schweren Schicksalsschlägen führten. Durch seine Kraft verstärkt er die innere Flexibilität und das klare Denkvermögen und schafft so ein Fundament, um die wertvollen und wichtigen Seiten des irdischen Daseins zu erkennen.
▶ Bei der Meditation, als Handschmeichler oder Rohstein in der Hosen- oder Jackentasche wie auch direkt über das Solarplexuschakra oder das Bauchchakra kann der Staurolith seine heilende Energie spenden.

> Staurolith in seiner charakteristischen Form (oben links und rechts), Tigerauge (Mitte) und Tigereisen (unten).

Tigereisen | **PRAXIS**

Tigerauge

Farbe: golden schimmernd
Fundort: Südafrika, USA, Westaustralien
Geschichte: Bereits die alten Griechen und die Araber sahen im Tigerauge einen Heil- und Schutzstein. Sie sprachen ihm zu, dass er Freude schenke und den Verstand schärfe. Im Mittelalter war man überzeugt, dass er den Menschen vor Verhexung und Dämonen bewahre. Erst im 19. Jahrhundert bezeichneten Mineralogen diesen Heilstein aufgrund seines wogenden Lichtschimmers als Tigerauge.

Heilwirkung

Körperlich: Das Tigerauge verringert den übermäßigen Energiefluss im Körper und mildert damit eine Überreizung der Nerven. Der Stein soll Krämpfe und Schmerzen wie Migräne und Rheumatismus lindern und hormonelle Überfunktionen sowie Überreizungen der Nerven eindämmen.
Seelisch: Auf höherer Ebene sorgt dieser Stein für Distanz und hilft, Unwegsames zu überwinden und scheinbar Aussichtsloses zu erreichen.
❯ Das Tigerauge eignet sich am besten zum kurzen Auflegen im Bereich des Solarplexuschakras.

Tigereisen

Farbe: golden, silbern und rötlich gebändert, metallisch glänzend
Fundort: Südafrika, Westaustralien
Geschichte: Erst seit wenigen Jahren bekannt, erhielt das aus Jaspis, Hämatit und Tigerauge lagerförmig zusammengesetzte Mineral seinen Handelsnamen, der an das Fell der gleichnamigen Großkatze erinnern soll.

Heilwirkung

Körperlich: Das Tigereisen vereinigt die Wirkkraft von drei Heilsteinen. Damit stabilisiert er den Kreislauf, gleicht den Eisenmangel aus, unterstützt die Blutproduktion und regt den Organismus durch die Erhöhung der Sauerstoffzufuhr (Hämatit) an. Zudem reguliert er die Verdauungsfunktionen (Jaspis), die Nerven- und Nebennierenfunktionen (Tigerauge).
Seelisch: Bei Passivität und Abschlaffung (Hämatit), mangelnder Ausdauer und Durchsetzungskraft (Jaspis) sendet er wertvolle Impulse. Durch die Förderung einer nüchternen Denkweise (Tigerauge) zeigt er Wege zu einem vitalen Leben auf.
❯ Die im Tigereisen sich verbindenden Energien wirken bei Hautkontakt äußerst schnell. Daher sollen sie nur tagsüber, besonders im Bereich des Solarplexuschakras, angewendet werden.

HEILSTEINE VON A BIS Z

Topas

Farbe: weiß, goldgelb (Imperialtopas), bläulich, durchscheinend
Fundort: Afghanistan, Australien, Brasilien, Sri Lanka, Ural (Russland), USA
Geschichte: Laut Plinius dem Älteren (23–79 n. Chr.) erhielt der Edelstein seinen Namen nach der antiken Insel Topazus oder aber nach dem arabischen Begriff *topazos* (= entdeckt).

Heilwirkung

Körperlich: Kann der Imperialtopas bei Infektionen, Herz-, Leber- und Drüsenerkrankungen helfen, so wirkt der weiße Topas im Bereich des Lymphsystems, des Magens und der Harnsäureablagerungen in Blut, Gewebe und Gelenken. Der blaue Topas wiederum kann Entzündungen im gesamten HNO-Bereich hemmen sowie die Gicht lindern helfen. Alle Topase sollen das Nervensystem stärken und den Stoffwechsel sowie die Verdauung aktivieren.
Seelisch: Der Topas gilt als Stein der Selbstverwirklichung. Er unterstützt uns bei der Entdeckung unseres inneren Reichtums, fördert unsere Offenheit und Ehrlichkeit und verhilft uns zu einem erfüllten Gefühlsleben.

Von links nach rechts: Paraiba-Turmalin, Türkis und Imperialtopas. Topas und Turmalin kommen weltweit in unterschiedlichen Variationen vor.

> Der Imperialtopas wirkt am besten durch das Solarplexuschakra, das Bauchchakra und das Wurzelchakra. Der blaue Topas entfaltet seine Wirkung durch das Halschakra. Der weiße Topas ist überall einsetzbar.

Türkis

Farbe: türkisblau, wolkig
Fundort: Burma, China, Iran, Kola (Russland), Mexiko, Tibet, USA
Geschichte: Die Bezeichnung bürgerte sich durch den Fernhandel mit dem Nahen Osten ein und bedeutete soviel wie »Türkenstein«. Bei den Indianern galt der Türkis als Schutz- und Heilstein, als Garantie für die enge Verbindung zur himmlischen Sphäre.

Heilwirkung

Körperlich: Als Heilstein kann der Türkis eine reinigende und beruhigende, entgiftende und entsäuernde, krampflösende und schmerzlindernde Wirkung entfalten. Er soll Ablagerungen und Verkalkungen vorbeugen und Gebiss, Zähne und Zahnfleisch kräftigen.
Seelisch: Der Türkis harmonisiert Stimmungsschwankungen und wirkt erfrischend und inspirierend.
> Seine Schwingungsenergie überträgt der Türkis am intensivsten durch das Halschakra.

Turmalin

Farbe: schwarz, glänzend, undurchsichtig beziehungsweise grün-rot, dunkelblau, dunkelgrün oder rot durchscheinend
Fundort: Afghanistan, Bolivien, Brasilien, Elba, Madagaskar, Sri Lanka, Tansania, Ural (Russland), USA
Geschichte: *Toramolli* bedeutet auf Singhalesisch »etwas Kleines aus der Erde«. Diese Bezeichnung setzte sich erst im 17. Jahrhundert für die große Turmalingruppe durch.

Heilwirkung

Körperlich: Der rote Turmalin (Rubellith) kann die Durchblutung und Blutreinigung sowie die Sexualität fördern, der blaue (Indigolith) die Funktion der Blase und Nieren, der grüne (Verdelith) die Ausscheidung des Dickdarms.
Der schwarze Turmalin (Schörl) wirkt krampflösend und neutralisierend gegenüber Strahlungen, der rot-grüne (Wassermelonen-Turmalin) regenerierend auf das Nervensystem.
Seelisch: Die vitalisierenden Turmaline sorgen für die Ausgeglichenheit von Geist, Verstand und Organismus und unterstützen die Kreativität und die Offenheit gegenüber Mitmenschen und der Umwelt (Verdelith).
> Ihre Wirkung spenden alle Turmaline vor allem durch das Herzchakra.

Unakit

Farbe: rotbraun, grüne Einschlüsse, undurchsichtig
Fundort: Brasilien, China, Südafrika, Simbabwe, Madagaskar, Norwegen
Geschichte: Erst 1801 legte der Mineraloge René-Just Haüy (1743–1822), der Begründer der kristallographisch orientierten Gesteinskunde, die Bezeichnung nach dem griechischen *unakis-epidosis* (= verschmelzen) fest.

Heilwirkung

Körperlich: Der Unakit stärkt unser Immunsystem, kann alle Heilungsprozesse unterstützen, ausgleichend im Bereich der Körpersäfte und Drüsen wirken sowie die Leberfunktion und die Verdauung aktivieren. Er wirkt entspannend und entkrampfend, vor allem auf die männlichen und weiblichen Geschlechtsorgane. Er soll auch den Rehabilitationsprozess bei schwerer Krankheit verkürzen können.
Seelisch: Der Unakit zeichnet sich durch seine ausgleichenden Eigenschaften auf psychischer Ebene aus. Er erhöht unsere Belastbarkeit und unsere Geduld gegenüber uns selbst und unserer Umgebung.
❯ Durch das Stirnchakra und Herzchakra entfaltet der Unakit seine sanfte, entspannende und ausgleichende Schwingungsenergie.

Versteinertes Holz

Farbe: braun, graubraun, dunkelbraun
Fundort: Australien, Brasilien, Kanada, Madagaskar, Türkei, USA
Geschichte: Als Kultobjekte wurden versteinerte Hölzer schon in den antiken Hochkulturen verehrt. Die Indianer fertigten daraus Fetische und errichteten damit sogar Bauwerke, so im 12. Jahrhundert das berühmte »Achathaus« in Arizona. Heinrich Cotta (1763–1844), Oberforstrat im sächsischen Tharandt, gilt noch heute als bedeutendster Sammler fossiler Hölzer in Europa.

Heilwirkung

Körperlich: Versteinertes Holz stimuliert das zentrale Nervensystem, optimiert den Stoffwechsel, die Verdauung und den Fettabbau (verquarzt) oder leitet sogar belastende Giftstoffe aus (opalisiert).
Seelisch: Bei Unruhe und Labilität sorgt der Heilstein für mehr Standfestigkeit und dauerhafte Erdung, für innere Versenkung und Frieden.
❯ Die fossilen Hölzer, in einem Steinkreis angeordnet, eignen sich vor allem zur Meditation. Des Weiteren können sie als Handschmeichler oder Rohsteine in der Tasche mitgeführt werden.

Zoisit PRAXIS

Zoisit

Farbe: grünlich mit blauschwarzen (Zoisit) oder roten Einschlüssen (Rubin-Zoisit), rötlich (Thulit), dunkelblau durchscheinend (Tansanit)
Fundort: Longido (Tansania)
Geschichte: Dieser Stein erhielt seinen endgültigen Namen durch den Freiberger Mineralogieprofessor Abraham Gottlob Werner (1749–1817) in Erinnerung an den bedeutenden Mineraliensammler Siegmund Freiherr von Zois (1747–1819). Dessen Steinhändler hatte den Zoisit auf der Saualpe in Kärnten erstmals entdeckt und ihn zunächst mit der unvorteilhaften Bezeichnung »Saualpit« versehen.

Heilwirkung

Körperlich: Der Zoisit soll die Fruchtbarkeit unterstützen, Eierstocks- und Hodenerkrankungen lindern, die Übersäuerung neutralisieren, das Immunsystem kräftigen und die Regenerationskraft des Organismus stärken. Der Rubin-Zoisit soll außerdem die Potenz stärken. Der blaue Zoisit (Tansanit) hingegen kann Augenkrankheiten, chronische Kopfschmerzen sowie Depressionen lindern.
Seelisch: Dieser Heilstein hilft, destruktive Gedanken einzudämmen, das Selbstwertgefühl zu stärken, verschüttete Gefühle freizulegen und eigene Ideen zu entwickeln. Er dient zur inneren Ausgewogenheit, zur Erholung und Entlastung.
> Entfaltet der Zoisit im Allgemeinen seine Schwingungsenergie am besten über das Herzchakra, so wirkt der Rubin-Zoisit am stärksten über das Wurzelchakra.

> Von oben nach unten: Unakit, Rubin-Zoisit und Versteinertes Holz.

Mineralstoffe und Heilsteine

Jeder Heilstein besteht aus bestimmten Mineralstoffen, die für den menschlichen Organismus äußerst wichtig sind. Ein Mangel kann zu einschlägigen Krankheitsbildern führen (siehe »Schüßler-Salze und Konstitutionstypen«, ab Seite 52). Wie sich die einzelnen Mineralstoffe auf den Körper und die seelische Verfassung heilend auswirken, können Sie an der folgenden Auflistung ablesen. Die Heilsteine, die den jeweiligen Mineralstoff enthalten und damit durch ihre Schwingungsenergie die angegebene Heilwirkung erzielen, sind entsprechend zugeordnet.

> Aluminium

Heilsteine: Achat, Amethyst, Aventurin, Chiastolith, Chrysokoll, Citrin, Diamant, Disthen, Fuchsit, Granat, Hämatit, Heliotrop, Jade, Lapislazuli, Moldavit, Mondstein, Obsidian, Orthoklas, Peridot, Prehnit, Rauchquarz, Rosenquarz, Rubin, Saphir, Smaragd, Staurolith, Türkis

Indikation: Infolge der Anregung des basischen Stoffwechsels durch das Aluminium setzen Heilsteine mit diesem Mineralstoff die Übersäuerung herab und lindern damit Gicht und Rheuma. Sie unterstützen die Aufnahme von Eisen im Darm und kräftigen das Nervensystem. Aluminium beruhigt, reduziert Nervosität, Ängste und Schuldgefühle und stärkt den Sinn für Wahrheit und Realität, Nüchternheit und Gewandtheit.

> Beryllium

Heilsteine: Aquamarin, Heliodor, Smaragd

Indikation: Edelsteine mit Beryllium helfen bei rheumatischen Krankheiten. Sie regulieren Hormonstörungen und vermindern Allergien, Geschwüre und Ekzeme. Beryllium steigert unsere Konzentrationsfähigkeit und Wahrnehmung, unsere Disziplin und Ausdauer.

> Blei

Heilsteine: Aragonit, Calcit

Indikation: Bleihaltige Heilsteine reduzieren Schwermetallvergiftungen und erleichtern daraus resultierende Krankheiten im Bereich des Magens, Darms, der Nerven und des Blutes. Zudem aktiviert Blei die Vitalität, befreit uns aus selbstgesetzten Zwängen und unterstützt unser Pflichtbewusstsein und unsere Ausgeglichenheit.

> Bor

Heilsteine: Howlith, Turmalin

Indikation: Minerale mit Bor greifen bei Krankheiten im Bereich von Darm und Magen ein, lindern Erbrechen, Krämpfe, Durchfall und Übelkeit. Durch die auflösende

Mineralstoffe und Heilsteine   PRAXIS

Wirkung von Bor fördert dieses Spurenelement die Entspannung der Organe und des Nervensystems. Zudem schenkt Bor Ausgeglichenheit, Vertrauen und Harmonie.

> Calcium

Heilsteine: Achat, Amethyst, Aragonit, Baryt, Boji, Chiastolith, Calcit, Chrysolith, Citrin, Fluorit, Granat, Howlith, Disthen, Fuchsit, Labradorit, Lapislazuli, Larimar, Magnesit, Malachit, Moldavit, Obsidian, Opal, Peridot, Prasem, Prehnit, Selenit, Turmalin, Unakit

Indikation: Besonders umfangreich ist die Wirkung von Calcium im Bereich der Eiweiß-, Enzym- und Hormonbildung sowie des Zellstoffwechsels.

> Chlor

Heilsteine: Fluorit, Halit, Lapislazuli, Sodalith

Indikation: Chlor bewirkt eine Blutdruckerhöhung, vermindert damit die Gefahr von Schwächeanfällen, fördert die Entwässerung, Entschlackung und Verdauung. Heilsteine mit Chlor lindern Stress und Angstbeschwerden, spenden Ruhe und Optimismus.

> Chrom

Heilsteine: Chiastolith, Chrysolith, Diamant, Disthen, Hämatit, Peridot, Rubin, Rutilquarz, Smaragd, Topas

Indikation: Chrom reguliert die Insulinausschüttung. Damit reduziert dieses chemische Element die Gefahr von Zuckerkrankheit. Zudem aktiviert es den Fettstoffwechsel und verhindert damit einen zu hohen Cholesterinspiegel. Chrom erweist sich auch als Hilfe bei Organentzündungen, so bei den Nieren, dem Darm, der Leber, dem Herzen und Magen. Es setzt Entgiftungsprozesse in Gang und lenkt den Energie- und Wärmehaushalt im Körper. Chrom ist der Grundstoff für Ruhe und Erholung, für Selbstbesinnung und die Ausbildung der Persönlichkeit.

> Eisen

Heilsteine: Achat, Amethyst, Apophyllit, Aragonit, Biotitlinse, Boji, Calcit, Chiastolith, Chrysokoll, Citrin, Disthen, Fuchsit, Granat, Halit, Hämatit, Heliotrop, Howlith, Jade, Jaspis, Karneol, Labradorit, Lapislazuli, Magnesit, Magnetit, Meteorit, Moldavit, Mondstein, Moqui-Marbles, Obsidian, Onyx, Opal, Orthoklas, Peridot, Prasem, Prehnit, Pyrit, Rosenquarz, Rutilquarz, Saphir, Selenit, Staurolith, Tigerauge, Tigereisen, Topas, Türkis, Unakit, Versteinertes Holz

Indikation: Heilsteine mit Eisen unterstützen die Bildung von roten Blutkörperchen, Hämoglobin, und die Aufnahme von Eisen im Darm. Damit fördern sie den Sauerstofftransport im Blut und wirken so Kraftlosigkeit und Erschöpfung entgegen. Zusätzlich dienen sie zur Stärkung des Immunsystems. Eisen weckt in uns verstärkt Vitalität, Aktivität, Dynamik, Willenskraft und Begeisterungsfähigkeit.

HEILSTEINE VON A BIS Z

> Fluor

Heilsteine: Apophyllit, Aventurin, Biotitlinse, Fluorit, Fuchsit, Prasem, Topas, Türkis,
Turmalin
Indikation: Fluorhaltige Heilsteine erhöhen
die Stabilität der Zähne und Knochen, vermindern Gelenkschmerzen, regenerieren
Haut und Schleimhäute und vitalisieren
das Nervensystem. Zudem erhöht Fluor
die geistige Mobilität, die Lernfähigkeit und
Konzentration.

> Gold

Heilsteine: Pyrit
Indikation: Gold hilft bei Drüsenbeschwer-
den und Erkrankungen der Geschlechtsorgane, unterstützt die Leistungsfähigkeit
des Kreislaufs und bewirkt eine Linderung
von Gewebe- und Knochenschäden. Darüber
hinaus unterstützt Gold Gedanken, die aus
Engpässen, Depressionen und Ängsten
hinausführen. Dieser Grundstoff schenkt
Selbstvertrauen und regt die Sexualität an.

> Kalium

Heilsteine: Apophyllit, Aquamarin, Aven-
turin, Bernstein, Biotitlinse, Boji, Chiasto-
lith, Fuchsit, Halit, Labradorit, Mondstein,
Obsidian, Orthoklas, Smaragd, Sodalith,
Versteinertes Holz
Indikation: Kalium unterstützt die Nieren-
funktion, aktiviert den Herzmuskel, die
Zirbeldrüse und regt den Transport der
Nährstoffe zu den Zellen an. Zudem fördert
Kalium die Selbstbestimmung.

> Kobalt

Heilsteine: Calcit, Chrysolith, Peridot,
Pyrit, Staurolith
Indikation: Kobalt ist für die Bildung der
roten Blutkörperchen im Knochenmark und
für die Eisenaufnahme im Dünndarm verantwortlich. Heilsteine mit diesem Grundstoff beflügeln uns zu mehr Abwechslung
und neuen Erfahrungen. Sie wecken in uns
Lebensglück und Neugier.

> Kupfer

Heilsteine: Azurit, Chrysokoll, Dioptas,
Malachit, Pyrit, Türkis
Indikation: Wie Kobalt unterstützt auch
Kupfer die Eisenaufnahme im Dünndarm. Es
fördert die Bildung von Enzymen und Hämoglobin, aber auch die Reifung der weiblichen
Geschlechtsorgane. Häufig wird dieses chemische Element bei Menstruationsbeschwerden eingesetzt. Kupfer aktiviert auch die Leber und das Gehirn, wirkt entgiftend, entzündungshemmend und fiebersenkend und fördert Sinnlichkeit, Sexualität und Phantasie.

> Lithium

Heilsteine: Amethyst, Aquamarin, Biotitlinse, Citrin, Rauchquarz, Smaragd
Indikation: Lithium wirkt blutdrucksenkend und nervenberuhigend und lindert so
Ischiasschmerzen und Neuralgien. Es baut
Cholesterin und Rückstände in den Gefäßen
und Gelenken ab. Dadurch kommt es zur
Reduzierung von Gicht, Rheuma und Nieren-
krankheiten. Darüber hinaus fördert Lithium

Mineralstoffe und Heilsteine | **PRAXIS**

das Selbstwertgefühl, die Konzentrationsfähigkeit und das Erinnerungsvermögen.

> Magnesium

Heilsteine: Biotitlinse, Calcit, Chiastolith, Chrysolith, Citrin, Disthen, Fuchsit, Granat, Halit, Hämatit, Heliotrop, Islandspat, Jade, Magnesit, Moldavit, Opal, Peridot, Prasem, Rosenquarz, Staurolith, Tigereisen

Indikation: Vor allem wirkt Magnesium muskelentspannend und hebt Blockaden auf. So lindert es Migräne, starke Kopfschmerzen, Magen- und Darmkrämpfe. Ebenso erhöht es die Leistungsfähigkeit des Herzmuskels, die Härte der Knochen und unterstützt den Eiweiß-, Kohlehydrat- und Fettstoffwechsel. Magnesium schützt auch vor Gefäß- und Gewebsverkalkung. Heilsteine mit Magnesium nehmen uns Ängste und Nervosität, sorgen für Entspannung, Ruhe und Belastbarkeit.

> Mangan

Heilsteine: Achat, Biotitlinse, Calcit, Chiastolith, Chrysolith, Diamant, Fuchsit, Granat, Heliotrop, Howlith, Jade, Magnesit, Moldavit, Peridot, Rosenquarz, Staurolith, Topas

Indikation: Manganhaltige Minerale kräftigen das Immunsystem und regen die Entgiftungsenzyme an. Durch die Stimulierung der Geschlechtsorgane fördert Mangan auch die Fruchtbarkeit. Zudem kräftigt es das Herz und senkt den Blutzuckerspiegel. Mental schenkt Mangan Gefühlswärme, Vertrauen und Liebe und hemmt Aggressivität und Zorn.

> Natrium

Heilsteine: Amethyst, Apophyllit, Baryt, Boji, Citrin, Fuchsit, Halit, Jade, Labradorit, Lapislazuli, Larimar, Moldavit, Mondstein, Obsidian, Orthoklas, Rauchquarz, Rosenquarz, Smaragd, Tigereisen, Turmalin, Versteinertes Holz

Indikation: Natrium eignet sich zur Steuerung des Wasser- und Säure-Basen-Haushalts, zur Erhöhung des Blutdrucks, zur Stabilisierung des Kreislaufs und Stoffwechsels, zur Aktivierung der Nieren und zur Verminderung von Schwindelgefühlen. Es verhilft zu mehr Standfestigkeit und Ausdauer.

> Nickel

Heilsteine: Chrysolith, Chrysopras, Meteorit, Peridot, Pyrit

Indikation: Durch die Aktivierung der Leber sorgt Nickel für die Entgiftung im Körper. Darüber hinaus hilft es, Eisen aufzunehmen und zu verwerten sowie Kopfschmerzen zu lindern. In mentaler Hinsicht schenkt Nickel Selbstvertrauen und unterstützt uns beim Abbau von Trauer, Angst und Stress. Zudem erhöht es unsere Schöpfungskraft.

> Phosphor

Heilsteine: Boji, Chrysokoll, Hyazinth, Türkis

Indikation: Phosphor steigert die Regeneration aller Organe, Zellen und Gewebe und stärkt Knochen und Zähne. Dieser Grundstoff stimuliert die Nerven und das Gehirn. Ohne Phosphor wären Wachstum, Muskel-

HEILSTEINE VON A BIS Z

kraft, Sinneswahrnehmung und Wärme-
produktion im Körper ausgeschlossen.
Es mildert Erkrankungen im Bereich der
Ohren, Augen und des Geruchssinns. Auf
geistiger Ebene spendet Phosphor Kraft,
Offenheit, Vitalität und Hoffnung.

> Sauerstoff

Heilsteine: Achat, Amethyst, Azurit, Berg-
kristall, Chalcedon, Chrysopras, Heliodor,
Heliotrop, Herkimer-Diamant, Hyazinth,
Jaspis, Karneol, Malachit, Onyx, Opal, Rosen-
quarz, Rubin, Saphir, Smaragd, Tigerauge
Indikation: Sauerstoffhaltige Heilsteine
fördern die Verbrennungsvorgänge im Körper.
Sie sind Energiespender für alle Organe,
Gewebe und Zellen und regen den Stoffwech-
sel an. Mental schenkt dieses Grundelement
Frische, Schöpfungskraft und Flexibilität.

> Schwefel

Heilsteine: Baryt, Bernstein, Boji, Lapis-
lazuli, Pyrit, Schwefel, Selenit
Indikation: Als Bauelement von Hormonen,
Enzymen und Eiweiß ist Schwefel für das
Wachstum der oberen Hautschicht, der
Nägel und Haare zuständig. Schwefelhaltige
Minerale zeigen daher Heilwirkungen bei
Pilzerkrankungen, Schuppenflechte und
Hauterkrankungen. Die entgiftende Eigen-
schaft von Schwefel führt zur Linderung von
Rheuma, Gicht und Lebererkrankungen.
Schwefel dringt tief in unser Inneres, deckt
Unterbewusstes auf und hilft bei Verwirrun-
gen und schwer zu erfüllenden Wünschen.

> Silber

Heilsteine: Pyrit
Indikation: Silberhaltige Edelsteine kühlen den Organismus, heben Blockaden auf
und lindern so Schmerzen. Zudem fördert
Silber die Sehkraft sowie die weibliche
Fruchtbarkeit und hemmt Gleichgewichtsstörungen. Mental fördert Silber unsere
Vorstellungskraft, Geselligkeit und
menschliche Wärme.

> Silicium

Heilsteine: Apophyllit, Aquamarin, Baryt,
Bergkristall, Chalcedon, Chiastolith, Chry-
sokoll, Chrysolith, Chrysopras, Diamant,
Dioptas, Disthen, Girasol, Hämatit, Helio-
trop, Howlith, Hyazinth, Jaspis, Karneol,
Labradorit, Lapislazuli, Larimar, Moldavit,
Mondstein, Obsidian, Onyx, Opal, Orthoklas, Peridot, Prasem, Prehnit, Rosen-
quarz, Smaragd, Staurolith, Tigerauge,
Tigereisen, Topas, Turmalin, Versteiner-
tes Holz
Indikation: Knochen, Haare, Nägel und
das Bindegewebe können mit Silicium vor
Krankheiten und Missbildung geschützt
werden. Zudem unterstützt Silicium die
Funktion der Lunge, der Milz und der
Lymphknoten. Es beugt Erkältungskrank-
heiten und Fehlfunktionen im Stoffwech-
selbereich vor. Ebenso ist es zur schnelle-
ren Wundheilung und Verminderung der
Narbenbildung einzusetzen. Auf geistiger
Ebene entfaltet Silicium seine Kräfte gegen
Erschöpfungszustände und Angstgefühle.

114

Mineralstoffe und Heilsteine — PRAXIS

> Strontium

Heilsteine: Aragonit, Baryt, Biotitlinse, Calcit, Diamant, Labradorit, Orthoklas, Zoisit

Indikation: Strontiumhaltige Minerale lösen Gefäßverengungen und Verhärtungen in den Organen, im Gewebe und in den Zellen. Mental schenkt Strontium Weite, Hoffnung und Zuversicht.

> Titan

Heilsteine: Biotitlinse, Chiastolith, Chrysolith, Diamant, Disthen, Fuchsit, Granat, Hämatit, Moldavit, Orthoklas, Peridot, Rosenquarz, Rubin, Rutilquarz, Saphir, Staurolith

Indikation: Über die Muskeln und Knochen fördert Titan gesundes Wachstum. Es lindert Erkältungskrankheiten, Lungen- und Nierenentzündungen. Titanhaltige Heilsteine muntern auf und nehmen uns Gefühle der Angst und Erfolglosigkeit. Sie stützen die Sexualität und sorgen für ein erfülltes Leben.

> Vanadium

Heilsteine: Rutilquarz, Zoisit

Indikation: Vanadium als Reizgift lindert Entzündungen der Augen und der Haut sowie im Bereich der Atemwege. Zusätzlich sorgt es für Offenheit und nach außen gerichtetes, konstruktives Verhalten.

> Wismut

Heilsteine: Boji, Wismut

Indikation: Bei Verletzungen und Wundheilung ist Wismut mit seiner desinfizieren-den Wirkung besonders gut geeignet. Da wismuthaltige Edelsteine bei der Wiederherstellung von Schleimhäuten hilfreich sind, beugen sie Gastritis und Magengeschwüren vor. Wismut hemmt Schwermütigkeit, Einsamkeit und psychische Blockaden.

> Zink

Heilsteine: Aragonit, Pyrit, Schalenblende (Sphalerit)

Indikation: Das insulinfördernde Zink sollte bei beginnendem Typ-1-Diabetes eingesetzt werden, aber auch zur Stärkung des Immunsystems. Es aktiviert die männlichen Geschlechtsorgane, lindert zugleich Prostataleiden und stärkt das Gehirn sowie die Sinneswahrnehmung. Zink bewahrt den Organismus vor Strahlen. Schlechter Schlaf, Erschöpfung, Angstzustände und Konzentrationsmangel sind Symptome, die Zink lindert und bisweilen aufzulösen vermag.

> Zinn

Heilsteine: Rutilquarz, Schalenblende (Sphalerit)

Indikation: Zinn harmonisiert das Großhirn und das Nervensystem. Damit beugt es Lähmungen und chronischen Erkrankungen im Hals-Nasen-Ohren-Bereich vor. Es lindert Lebererkrankungen und Gallenkoliken. Zinnhaltige Heilsteine stärken Vertrauen, Großzügigkeit, Mut, Geselligkeit und Enthusiasmus.

Zum Nachschlagen

Beschwerdenregister

Im folgenden alphabetisch geordneten Register wurden jeder Befindlichkeit ein oder mehrere Steine zugeordnet, die Sie bei Bedarf einsetzen können. Sie werden hier auch Steine *(kursiv)* finden, die nicht im Kapitel »Heilsteine von A bis Z« (ab Seite 58) besprochen wurden, da Sie ja auch andere Heilsteine besitzen könnten oder vielleicht Ihr Sortiment nach und nach erweitern möchten.

A

Abgespanntheit Heliotrop

Abnehmen Prehnit (gelblich), Rauchquarz, Versteinertes Holz

Abszess Amethyst, Heliotrop

Aggressivität abbauend Moqui-Marbles

Allergien Apophyllit, Aquamarin, Aventurin, Bernstein, Chalcedon (blau), Chrysopras, Dioptas, Fuchsit, Halit, Jaspis, Rutilquarz (farblos)

Anämie vorbeugend Moldavit, Rosenquarz

Angina pectoris mildernd Chalcedon, Chrysopras, Heliotrop

Ängste Apachenträne, Apophyllit, Chiastolith, Obsidian, Rhodonit, Rutilquarz, *Sonnenstein, Sugilith*

Anspannungen lösend Girasol

Arterienentzündung hemmend Opal (Boulderopal)

Arteriosklerose vorbeugend Aventurin, Diamant, Prehnit

Arthritis vorbeugend Bernstein, Island- oder Doppelspat

Arthrose vorbeugend *Apatit,* Bernstein

Asthma Apophyllit, Falkenauge, Rutilquarz (farblos)

Atemwegsentzündungen Amethyst, Apophyllit, Aquamarin, Chalcedon, Dioptas, Fluorit, Halit, Lapislazuli, Larimar, Moldavit, Pyrit, Rutilquarz, Smaragd, Sodalith, Topas (blau)

Augenentzündung Amethyst, Bergkristall, Chalcedon, Falkenauge, Smaragd, Sodalith, *Ulexit,* Zoisit (Tansanit)

B/C

Bandscheibenprobleme Aragonit, Dioptas, Malachit, Pyrit, Rauchquarz

Bauchschmerzen Achat, Aquamarin, Heliotrop, Magnesit, Rhodonit, Smaragd, Topas (Imperialtopas)

Bauchspeicheldrüse stärkend Citrin, Granat, Magnetit

Beklemmung reduzierend Coelestin

Belastbarkeit erhöhend Unakit

Blähung mildernd Baryt

Blase aktivierend Turmalin (Indigolith)

Blasenbeschwerden Aquamarin, Chalcedon (blau), Diamant, Heliotrop, Prasem

Blockaden Apophyllit, Aventurin, Bergkristall, Boji, Granat, Herkimer-Diamant, Larimar, Meteorit, Moqui-Marbles, Obsidian, Rauchquarz, Rosenquarz, Sodalith

Blutarmut hemmend Aventurin, Granat, Moqui-Marbles, Tigereisen

Blutdruck erhöhend Hämatit, Rhodochrosit, Rubin

Blutdruck senkend Chalcedon (blau), Labradorit, Lapislazuli, Sodalith

Blutergüsse Amethyst

Blutgerinnung hemmend Magnesit

Blutgerinnung stärkend Calcit (grün)

Blutproduktion fördernd Hämatit, Karneol, Tigereisen

Blutzirkulation fördernd Hämatit, Heliodor, Turmalin (Rubellith)

SERVICE

Beschwerdenregister

Brandwunden Chrysokoll

Brechreiz reduzierend Bergkristall, Howlith, Malachit

Bronchialbeschwerden Apophyllit, Hyazinth, *Koralle,* Moldavit, Rutilquarz (gelblich), Smaragd

Brustbeklemmung Larimar, *Pietersit*

Bulimie lindernd Goldfluss

Cholesterinwerte senkend Aventurin, Magnesit

D

Darmfunktion stärkend Achat, Amethyst, Calcit, Halit, Howlith, Hyazinth, Jade, Karneol, Peridot, Smaragd, Topas, Turmalin (Verdelith, Schörl)

Depression Achat (Sternenachat), Apachenträne, Bernstein, Boji, Citrin, Onyx, Rutilquarz, Topas (Imperialtopas), Zoisit (Tansanit)

Diabetes lindernd Chalcedon, Citrin

Durchfall Amethyst, *Dumortierit*

Durchhaltevermögen erhöhend Granat

Durchsetzungskraft stärkend Chiastolith, Disthen, Fuchsit, Orthoklas, Selenit

E

Eierstöcke schützend Chrysopras, Heliotrop, Malachit, Mondstein, Rosenquarz

Eisenmangel reduzierend Hämatit, Moqui-Marbles, Tigereisen

Energiefluss hemmend Falkenauge

Energiefluss stärkend Boji, Magnetit

Entgiftung forcierend Azurit, Biotitlinse, Chalcedon, Chrysopras, Citrin, Fuchsit, Halit, Heliodor, Hyazinth, Karneol, Magnesit, Malachit, Peridot, Prehnit, Rhodonit, Smaragd, Staurolith, Türkis, Versteinertes Holz

Entsäuerung fördernd Bernstein, Biotitlinse, Chiastolith, Heliotrop, Islandspat (rosarot), Labradorit, Malachit, *Nephrit*

Entscheidungsschwierigkeiten Falkenauge, Herkimer-Diamant

Entschlackung unterstützend Boji, Chrysopras, Diamant, Girasol, Halit, Prehnit, Staurolith

Entspannung Bergkristall, Chrysokoll, Girasol, Hyazinth

Entzündungen hemmend Aventurin, Fuchsit, Herkimer-Diamant

Erkältung Chrysokoll, Heliotrop, Karneol, Lapislazuli, Moldavit

Erschöpfung *Bronzit,* Chiastolith, Rhodochrosit, *Schneequarz,* Tigereisen

F

Fettpolster abbauend Goldfluss, Magnesit, Prehnit (gelblich), Rauchquarz, Versteinertes Holz

Fieber erhöhend Karneol, Rubin

Fieber senkend Bergkristall, Chalcedon, Chrysokoll, Hyazinth, Prasem, Rutilquarz (bläulich), Sodalith

Flechten vorbeugend Bernstein, Islandspat

Freude spendend Aventurin, Baryt, Coelestin, Jade, Orthoklas, Rauchquarz, Topas (Imperialtopas)

Frösteln Chalcedon, Chrysokoll, Lapislazuli, Moldavit, Obsidian

Fruchtbarkeit steigernd Chrysopras, Mondstein, Rosenquarz, Zoisit (Rubinzoisit, Thulit)

G

Galle unterstützend Bernstein, Chrysokoll, Jaspis, Magnesit, Peridot, Pyrit, Smaragd

Geburtshilfe Achat, Biotitlinse, Malachit, Mondstein, Rhodonit

Gehirnfunktionen anregend Azurit, Diamant, Fluorit, Larimar, Saphir

Gelenke stärkend Calcit (orange), Rauchquarz

Gelenkbeschwerden Bergkristall, Fluorit, Malachit, Pyrit, Smaragd

117

SERVICE ZUM NACHSCHLAGEN

Geschlechtsorgane anregend Opal (Feueropal), Zoisit (Thulit)

Geschlechtsorgane schützend Rosenquarz, Rubin, Sphalerit, Unakit, Zoisit

Gewebe stärkend Coelestin, Selenit

Gicht mildernd Bernstein, Biotitlinse, Chiastolith, Chrysopras, Diamant, Heliotrop, Islandspat (rosarot), Labradorit, Smaragd

Grippe Chalcedon, Heliotrop, Peridot, *Rhyolith*

H

Haarwuchs fördernd Island- oder Doppelspat

Halsentzündungen Baryt, Bernstein, Chrysokoll, Dioptas, Lapislazuli, Larimar, Moldavit

Harmonie fördernd Amethyst, Howlith, Jade, Jaspis, Labradorit, Mondstein, Onyx, Rosenquarz

Harnsäure reduzierend Biotitlinse, Chiastolith, Heliotrop, Islandspat (rosarot), Labradorit, Smaragd, Topas (blau)

Hautdurchblutung Halit

Hauterkrankungen Achat (Sternenachat), Bergkristall, Bernstein, Calcit, Fluorit, Lapislazuli, *Okenit,* Onyx, Rosenquarz, Saphir, *Septarie*

Heiserkeit mildernd Aquamarin, Chalcedon, Disthen, Lapislazuli, Larimar, Moldavit, Sodalith

Herz kräftigend Calcit (grün), Chrysopras, Granat, Labradorit, Rutilquarz (farblos), Smaragd

Herzbeschwerden Aventurin, Heliotrop, Orthoklas, Rhodonit, Rosenquarz, Topas (Imperialtopas)

Herzinfarkt vorbeugend Aventurin, Magnesit, Rosenquarz

Herzrhythmus regulierend Granat, Heliodor, Labradorit, Rosenquarz, Smaragd

Heuschnupfen lindernd Aquamarin

Hexenschuss Pyrit, Turmalin (Rubellith)

Hormonhaushalt regulierend Aquamarin, Diamant, Falkenauge, Lapislazuli, Mondstein

Husten lindernd Aquamarin, Chalcedon, Lapislazuli, Moldavit, Rutilquarz

I / J

Immunsystem stärkend Achat (Sternenachat), Aquamarin, Aragonit, Calcit (grün, Mangano), Chalcedon, Chrysokoll, Citrin, Fuchsit, Heliotrop, Moqui-Marbles, Onyx, Rubin, Rutilquarz (gelblich), Smaragd, Sphalerit, Unakit, Zoisit

Infektionen vorbeugend Chrysokoll, Goldfluss, Heliotrop, Herkimer-Diamant, Malachit, Moldavit, Opal (schwarz), Prasem, *Realgar,* Rubin, Smaragd, Sodalith, Staurolith, *Tektit,* Topas (Imperialtopas)

Insektenstiche Amethyst, Chrysopras, Heliotrop, Lapislazuli, Prasem, Rhodonit

Inspiration Fluorit, Topas (blau)

Intuition Dioptas, Topas (Imperialtopas)

Ischiasbeschwerden Biotitlinse, Heliotrop, *Hiddenit, Kunzit,* Magnetit, Malachit

Juckreiz hemmend Amethyst, Fuchsit, Saphir, Turmalin (Schörl)

K

Kälteempfindlichkeit Chalcedon, Citrin, Rhodochrosit

Karies Calcit (orange), Islandspat, Türkis

Katarrh Aquamarin, Chalcedon, Heliotrop, Smaragd

Kehlkopfentzündung Aquamarin, Chalcedon, Disthen, Sodalith

Kleinhirn stärkend Disthen

Knochen stärkend Aragonit, Bernstein, Calcit (orange, blau), Coelestin, Fluorit, Islandspat, Selenit, Sphalerit

Knochenentzündung lindernd Calcit (orange, blau), Labradorit, Smaragd, Turmalin (Schörl)

118

Beschwerdenregister   SERVICE

Koliken Magnesit, Magnetit, Malachit, Rubin

Konzentrationsprobleme *Amazonit,* Aquamarin, Azurit, Chalcedon, Diamant, Fluorit, Lapislazuli, Malachit, Prehnit, *Purpurit,* Rhodonit, Saphir, Sphalerit

Kopfschmerzen Amethyst, Bergkristall, Diamant, Dioptas, Lapislazuli, Larimar, Magnesit, Rauchquarz, Rhodonit, Smaragd, Zoisit (Tansanit)

Krampf lösend *Charoit,* Chrysokoll, Dioptas, Hyazinth, Magnesit, Malachit, Smaragd, Tigerauge, Türkis, Turmalin (Schörl), Unakit

Kreativität anregend Aragonit, Disthen, Fuchsit, Jaspis, Malachit, Obsidian, Opal, Orthoklas, Rutilquarz, Türkis

Krebs vorbeugend *Germanit,* Herkimer-Diamant, Smaragd, Turmalin (Verdelith)

Kreislauf aktivierend Aventurin, Karneol, Rhodochrosit

Kreislauf beruhigend Chrysopras, Labradorit, Malachit, Prasem

Kreislauf stabilisierend Granat, Rhodonit, Rubin, Tigereisen

L

Lähmungen vorbeugend Apophyllit, Chiastolith

Lebensfreude Apachenträne, Bernstein, Citrin, Girasol, Goldfluss, Heliodor, *Hermanover Kugel,* Howlith, Jade, Karneol, Meteorit, Mondstein, Orthoklas, Rubin, Sphalerit

Leber stärkend Achat (Sternenachat), Azurit, Bernstein, Chrysopras, Citrin, Dioptas, Granat, Heliodor, Hyazinth, Jade, Jaspis, Karneol, Malachit, Peridot, Pyrit, Smaragd, Topas (Imperialtopas), Unakit

Leistungsfähigkeit steigernd Rubin

Leukämie vorbeugend Rosenquarz

Liebeskummer Chrysopras, Rosenquarz

Lunge stärkend Amethyst, *Anatas,* Dioptas, Hyazinth, Pyrit, *Titanit*

Lymphdrüsen aktivierend Girasol, Heliotrop

Lymphknotenschwellungen Girasol

Lymphsystem anregend Chalcedon, Girasol, Heliotrop, Magnetit

M

Magen aktivierend Citrin, Opal (Milchopal)

Magenbeschwerden Apachenträne, Bernstein, Diamant, Howlith, Magnesit, Orthoklas, Rhodonit

Magersucht lindernd Goldfluss, Turmalin (Verdelith), Türkis

Mandelentzündung Baryt, Goldfluss, Larimar, Moldavit

Menstruationsbeschwerden *Amazonit,* Biotitlinse, Coelestin, Hyazinth, Malachit, Mondstein, Tigereisen

Migräne lindernd Achat (Sternenachat), Falkenauge, Magnesit, Rhodochrosit, Tigerauge

Milzbeschwerden reduzierend Bernstein, Citrin, Granat, Jade, Magnetit, Rubin

Müdigkeit Tigereisen

Muskelkater *Dolomit,* Heliodor

Muskelkrampf Magnesit, Smaragd

Muskeln stärkend Bernstein, Coelestin, Meteorit, Rauchquarz, Rhodonit

N/O

Nackenschmerzen Magnesit, Rauchquarz, Rhodonit

Nägel stärkend Calcit (orange), Island- oder Doppelspat, Onyx, Turmalin (Rubellith)

Narbenbildung abschwächend Chrysokoll, Prasem, Turmalin

Nebenhöhlenentzündungen Chalcedon, Heliotrop, Saphir, Smaragd

Nebennieren anregend Opal (Feueropal), Rubin, Tigerauge, Tigereisen

SERVICE ZUM NACHSCHLAGEN

Nerven stärkend Azurit, Chiastolith, Citrin, Fluorit, Jade, Rauchquarz, Saphir, Tigerauge, Tigereisen

Nervenentzündung Diamant, Turmalin (Rubellith, Verdelith)

Nervensystem beruhigend Achat (Sternenachat), Fuchsit, Onyx, Pyrit, Tigerauge, Topas, Turmalin (Wassermelonen-Turmalin)

Nervensystem – vegetativ Achat (Sternenachat), Halit, Heliodor, *Muskovit*

Nervensystem – zentral Achat (Sternenachat), Versteinertes Holz

Neuralgie vorbeugend Lapislazuli

Neurodermitis vorbeugend Aquamarin, Chrysopras

Nierenbeschwerden Bernstein, Diamant, Granat, Hämatit, Jade, Jaspis, Karneol, Peridot, Rhodochrosit, Smaragd, Turmalin (Indigolith)

Ohrenentzündung Baryt, Chalcedon, Chrysokoll, Heliotrop, Lapislazuli, Onyx, Rhodonit, Smaragd

P/Q

Passivität abbauend Disthen, Larimar, Tigereisen

Pilzerkrankungen vorbeugend Obsidian, Onyx, Peridot, Staurolith

Quetschungen Amethyst, Herkimer-Diamant, Prasem, Rhodonit

R

Rachenraumentzündung Baryt, Bernstein, Goldfluss, Larimar, Moldavit

Reaktionsfähigkeit fördernd Magnetit

Reinigung des Körpers Halit

Rheuma vorbeugend Bernstein, Biotitlinse, Chiastolith, Chrysopras, Labradorit, Malachit, Saphir, Smaragd, Tigerauge, Türkis

Rückenschmerzen Diamant, Magnesit, Rauchquarz, Rubin

Ruhe spendend Chrysokoll, Chrysopras, Coelestin, Girasol, Howlith, Jade

S

Sauerstoffmangel ausgleichend Hämatit, Heliodor, Tigereisen

Säure-Basen-Gleichgewicht Calcit (Mangano), *Diopsid*, Jade

Schilddrüsen stimulierend Aquamarin, Azurit, Bergkristall, Chalcedon, Chrysokoll

Schlafstörung Amethyst, Aventurin, Bergkristall, Chalcedon, Karneol, Orthoklas, Rosenquarz, Saphir

Schluckbeschwerden Lapislazuli

Schnittwunde *Antimonit*, Coelestin, Obsidian, Rhodonit, Sphalerit

Schuldgefühle hemmend Chiastolith, Peridot

Schuppenbildung reduzierend Aventurin, Fuchsit

Schuppenflechte mildernd Aventurin, Saphir

Schwangerschaft begleitend Goldfluss, Heliotrop

Schwellungen Amethyst, Bergkristall, Prasem

Seele stärkend Bergkristall, Chrysokoll, Magnesit

Sehkraft stärkend Aquamarin, Bergkristall, Chalcedon, Diamant, Heliodor, Smaragd, Sphalerit

Sehnenscheidenentzündung Chrysokoll, Heliotrop, Smaragd

Selbstbewusstsein stabilisierend Achat, Aquamarin, Calcit, Chalcedon, Chiastolith, Citrin, Diamant, Disthen, Fuchsit, Goldfluss, Orthoklas, Rhodochrosit, Selenit, Zoisit (Tansanit)

Selbstheilungskräfte fördernd Dioptas, *Germanit*, Granat, Larimar, Zoisit

Selbstverwirklichung fördernd Aventurin, Boji, Disthen, Girasol, Jade, Meteorit, Onyx, Prehnit, Rhodonit, Rutilquarz, Sodalith, Tigereisen

Sexualorgane stärkend Granat, Rosenquarz, Zoisit (Thulit)

Sinnesorgane stärkend Diamant, *Sardonyx*

Beschwerdenregister — SERVICE

Sodbrennen Magnesit, Türkis

Sonnenbrand, Sonnenstich Aventurin, Fuchsit, Lapislazuli, Prasem, Rauchquarz

Stoffwechsel aktivierend Aragonit, Bernstein, Calcit (Citrino, Mangano), Citrin, Granat, Halit, Howlith, Mondstein, Peridot, Prehnit, Smaragd, Topas, Versteinertes Holz

Strahlenerkrankung Baryt, Rauchquarz

Strahlungsbelastung *Fossilien,* Hämatit, Malachit, Rosenquarz, Sphalerit, Turmalin (Schörl)

Stressabbau Amethyst, Apachenträne, Aventurin, Chrysokoll, Coelestin, Disthen, Jade, Magnesit, *Morganit,* Rauchquarz, Rosenquarz

T

Thymusdrüse anregend Aquamarin, Jaspis (gelb), Smaragd

Trauerbewältigung Amethyst, Orthoklas, Rauchquarz

Tumor vorbeugend Apophyllit, Herkimer-Diamant, Ozeanjaspis, Saphir

U

Übelkeit Calcit (orange), Chrysokoll, Howlith, Jade, Jaspis, *Sarder,* Topas

Überbelastung, nervliche Chiastolith, *Sardonyx*

Übersäuerung Apachenträne, Biotitlinse, Chiastolith, *Lepidolith, Serpentin,* Türkis, Zoisit

Unruhe Aventurin, Falkenauge, Larimar, Magnesit, Meteorit, Orthoklas, Prasem, Selenit, Versteinertes Holz

Unsicherheit Apophyllit, Rutilquarz

Unterleibsbeschwerden Bergkristall, Heliotrop, Karneol, Unakit

V

Venenentzündung hemmend Opal (Boulderopal), Topas (blau)

Verbrennungen Chrysokoll, Prasem, Rhodonit

Verdauung anregend Chrysopras, Citrin, Jaspis, Rhodochrosit, Smaragd, Tigereisen, Versteinertes Holz

Verdauungsbeschwerden Apachenträne, Aragonit, Calcit (Citrino, Mangano), Halit, Karneol, Pyrit, Rutilquarz (rötlich), Unakit

Vereiterung mildernd Rhodonit

Vergiftungen äußerlich Howlith

Verhärtungen Coelestin

Verkalkung vorbeugend Opal (Boulderopal), Türkis

Verspannungen lösend Amethyst, Aventurin, Larimar, Magnesit, Meteorit, Obsidian, Rauchquarz, Selenit

Verstopfung Diamant, Turmalin (Schörl)

Vitalisierung Dioptas, Disthen, Halit, Hämatit, Karneol, Larimar, *Mookait,* Opal, Rhodochrosit, Rubin, Tigereisen, Türkis

W

Wachstum fördernd Achat, Azurit, Calcit (orange, blau), *Muschel (Perlmutt)*

Wadenkrämpfe Heliotrop

Warzenbildung vorbeugend Bernstein, Heliotrop, Peridot

Wasserhaushalt ausgleichend Halit

Wehen aktivierend Biotitlinse

Wirbelsäule stärkend Calcit (orange, blau), Islandspat, Pyrit

Z

Zähne kräftigend *Apatit,* Calcit (orange, blau), *Cavansit,* Fluorit, Islandspat, Türkis

Zahnen Bernstein, Chalcedon, Fluorit

Zahnfleisch schützend Fluorit, *Gagat,* Rhodonit, Türkis

Zellaufbau Rutilquarz (rötlich)

Zirbeldrüse anregend Mondstein

Zufriedenheit fördernd Coelestin, Heliotrop, Jade, Jaspis (rot), Magnesit, Moqui-Marbles, Smaragd, Turmalin (Verdelith)

SERVICE ZUM NACHSCHLAGEN

Bücher,
die weiterhelfen

Allgemeines zu Edelsteinen, Mineralien und Metallen

> Graf, Bernhard: *Zauber edler Steine. Kunst, Macht und Magie.* Prestel Verlag

> Hochleitner, Rupert; Weiß, Stephan: *Das große Lapis Mineralienverzeichnis.* Weise Verlag

> Kourimsky, Jiri: *Illustriertes Lexikon der Steine und Mineralien.* K. Müller Verlag

> Schumann, Walter: *Edelsteine und Schmucksteine.* Blv Verlagsgesellschaft

Heilsteinkunde

> Gienger, Michael; Blersch, Ines: *Die Steinheilkunde. Ein Handbuch.* Neue Erde Verlag

> Gienger, Michael; Dengler, Wolfgang: *Lexikon der Heilsteine.* Neue Erde Verlag

> Gienger, Michael: *Die Heilsteine Hausapotheke. Hilfe von A wie Asthma bis Z wie Zahnschmerzen.* Neue Erde Verlag

> Newerla, Barbara: *Sterne und Steine.* Neue Erde Verlag

> Schwarz, Aljoscha; Schweppe, Ronald: *GU-Kompass Heilende Edelsteine.* GRÄFE UND UNZER VERLAG

> Sienko, Sofia: *Der Steinschlüssel.* Windpferd Verlag

Alternativmedizin

> Deutsche Homöopathie-Union (Hg.): *Homöopathisches Repetitorium. Arzneimittellehre in Tabellenform*

> Gensler, Petra: *Kinesiologie.* Mit Audio-CD. GRÄFE UND UNZER VERLAG

> Gienger, Michael: *Die Heilsteine der Hildegard von Bingen.* Neue Erde Verlag

> Heepen, Günther H.: *Schüßler-Salze typgerecht.* GRÄFE UND UNZER VERLAG

> Heepen, Günther H.: *GU Kompass Schüßler-Salze.* GRÄFE UND UNZER VERLAG

> Hildegard von Bingen: *Wisse die Wege.* Insel Verlag

> Lesch, Matthias; Förder, Gabriele: *Kinesiologie. Aus dem Stress in die Balance.* GRÄFE UND UNZER VERLAG

Adressen,
die weiterhelfen

Seminare und Schulungen in der Heilsteinkunde und Biochemie

> Biochemischer Bund Deutschland e. V.
In der Kuhtrift 18
D-41541 Dormagen
www.biochemie-net.de

> Cairn Elen Lebensschulen
Roßgumpenstr. 10
D-72336 Balingen-Zillhausen
www.cairn-elen.de

Adressen, die weiterhelfen   SERVICE

Praxis für Naturheilkunde und Lithotherapie

> **Dr. med. Manfred Kuhnle**
Heinzlenstr. 1
D - 72336 Balingen

Forschungsinstitut für Steinheilkunde

> **Steinheilkunde e. V.**
Unterer Kirchberg 23 / 1
D - 88273 Fronreute
www.steinheilkunde-ev.de

Kinesiologische Beratung

> **Institut für Angewandte Kinesiologie GmbH**
Eschbachstr. 5
D - 79199 Kirchzarten
www.iak-freiburg.de

> **Österreichischer Berufsverband für Kinesiologie**
Salzburger Str. 44
A - 4020 Linz
www.kinesiologie-oebk.at

> **Schweizerischer Berufsverband für Kinesiologie – IASK**
Leimenstr. 13
CH - 4051 Basel
www.iask.ch

Überprüfung von Edelsteinen

> **Institut für Edelstein-Prüfung**
Riesenwaldstr. 6
D - 77797 Ohlsbach
www.epigem.de

Edelstein-Elixiere und Schüßler-Basissalze

> **Biochemischer Verein Graz**
Carnerigasse 28
A - 8010 Graz
Büro: Ordination Dr. Franz Reinisch
Keplerstr. 116 / I
A - 8010 Graz

> **Deutsche Homöopathie-Union (DHU)**
Ottostr. 24
D - 76227 Karlsruhe
www.dhu.de

> **Edelsteinwasser**
Ing. Andreas Kavalirek
Auenweg 4
A - 9241 Wernberg

> **Steinkreis – Mineralien & Gesundheit**
Kerstin Wagner &
Walter von Holst
Kornbergstr. 32
D - 70176 Stuttgart
www.steinkreis.de

> **Verein für angewandte Biochemie**
Edwin Schnell
Säntisstr. 31
CH - 8964 Rudolfstetten

Herstellung von Brillen mit Heilsteinen

> **Bamberger Brillenmanufaktur**
Babis Kalakis
In der Südflur 11
D - 96050 Bamberg

Sachregister

A
Ägypten 21
Abkühlung 9, 10
Antlitzdiagnostik 51
Aufbewahrung 32
Aufladen 35
Aurastein 37, 39

B
Bauchchakra 15, 22
Biochemie 51
Blutdruck 23

C
Calcium-fluoratum-Typ 52
Calcium-phosphoricum-Typ 53
Calcium-sulfuricum-Typ 53
Chakren 13, 20, 30
Computerstrahlen 32

D
Deltamuskel 41, 42, 43, 44
Donuts 30
Druse 33
Dublette 29

E
Edelsteinelixiere 31, 46, 48
 – äußere Behandlung 48
 – innere Anwendung 47
Energieblockade 40
Entladen 33, 79
Enzyme 23
Erdkruste 8, 9, 11

F
Farben 20, 22
Farbintensität 32
Farbtherapie 20
Ferrum-phosphoricum-Typ 53

G
Ganggesteine 10
Gestein 9

H
Halschakra 16, 22
Handschmeichler 29, 30, 94, 104
Hauptchakren 14
Heilbäder 49
Herzchakra 15, 20, 22
Homöopathie 50
Hormone 23

I
Induskultur 21
Intuition 14

K
Kalium-chloratum-Typ 53
Kalium-phosphoricum-Typ 53
Kalium-sulfuricum-Typ 53
Kinesiologie 40
Kinesiologischer Muskeltest 40, 42, 44
Konstitutionstherapie 51, 52, 55
Konstitutionstyp 51, 52, 54
Konzeptionsgefäß 43
Kosmosstein 38, 39
Kristall 9
Kristallstruktur 12, 24
Kristallsystem
 – hexagonales 25
 – kubisches 24
 – monoklines 25
 – rhombisches 24
 – tetragonales 25
 – trigonales 24
 – triklines 24

L
Lava 8, 9
Lebensrhythmus 9
Lebensumstände 13

M
Magma 8, 9, 11
Magmatite 9, 10
Magnesium-phosphoricum-Typ 53
Massage 76

Sachregister

Meditation 32, 36, 62
Meridiane 40
Metamorphose 11
Metasomatose 11
Mineral 9
Mineralienbörse 28
Mineralsalze 50
Mineralstoffe 23, 110
Mineralstoffmangel 51
Mittelalter 21
Mondlicht 35

N

Natrium-chloratum-Typ 53
Natrium-phosphoricum-Typ 53
Natrium-sulfuricum-Typ 54
Negative Information 34
Nervensystem 23
– endokrines 13
– vegetatives 13, 19, 20

O

Oxidation 11

P

Partnerstein 38, 39
Plutonite 9, 10
Prisma 20

R

Räucherritual 34
Reinigung
– äußere 32
– im Rauch 34
– mit Salz 33
– mit Steinen 33
– mit Wasser 33
Rohsteine 29, 30, 31, 104

S

Salben 49
Salz 34
Säure-Basen-Gleichgewicht 23
Scheitelchakra 26, 22
Schmuck 29
Schüßler-Salze 50

Schwingungen
– negative 12
– neutrale 12
– positive 12
Schwingungsenergie 9, 12, 19, 31, 33, 44, 65, 93
Sedimente 10
Seelenstein 37, 38
Silicea-Typ 54
Sinne
– objektive 13
– subjektive 13
Sinneswahrnehmungen 13
Solarplexuschakra 15, 20, 22
Sonne 35
Speicherfähigkeit von Wasser 44
Spindelzellmechanismus 41
Spurenelemente 23
Steinkreis 31, 32, 62, 75
Stirnchakra 16, 22
Stoffwechsel 23, 52
Strahlen 45
Strukturen, amorphe 24

T

Tierkreiszeichen 17
Tinkturen 47
Traditionelle Chinesische Medizin
  (TCM) 21, 40
Triplette 29
Trommelsteine 29, 31, 33

U

Umschläge 49
Ursprungsgestein 11

V

Verarbeitungsformen 29
Vollmond 35
Vulkanausbrüche 8
Vulkanite 9

W

Wickel 49
Wurzelchakra 14, 22

Impressum

© 2005 GRÄFE UND UNZER VERLAG GmbH, München

Erweiterte und aktualisierte Neuausgabe von *Heilen mit Edelsteinen,* GRÄFE UND UNZER VERLAG GmbH, ISBN 3-7742-3743-3 (Erstausgabe: 1999)

Alle Rechte vorbehalten. Nachdruck, auch auszugsweise, sowie Verbreitung durch Bild, Funk, Fernsehen und Internet, durch fotomechanische Wiedergabe, Tonträger und Datenverarbeitungssysteme jeder Art nur mit schriftlicher Genehmigung des Verlages.

Wichtiger Hinweis

Die Gedanken, Anregungen und Rezepte in diesem Buch stellen die Meinung bzw. Erfahrung des Verfassers dar. Sie wurden vom Autor nach bestem Wissen erstellt und mit größtmöglicher Sorgfalt geprüft. Sie bieten jedoch keinen Ersatz für kompetenten medizinischen Rat. Heilsteine sind kein Ersatz für Medikamente, die vom Arzt oder Heilpraktiker zur Behandlung von Krankheiten verordnet werden. Jede Leserin, jeder Leser ist für das eigene Tun und Lassen auch weiterhin selbst verantwortlich. Weder Autor noch Verlag können für eventuelle Nachteile oder Schäden, die aus den im Buch gegebenen praktischen Hinweisen resultieren, eine Haftung übernehmen.

Programmleitung: Ulrich Ehrlenspiel

Redaktion: Monika Rolle

Lektorat: Rita Steininger

Bildredaktion: Henrike Schechter

Umschlaggestaltung und Innenlayout: independent Medien-Design, Claudia Ehrl

Herstellung: Petra Roth

Satz: Knipping Werbung GmbH, Berg / Starnberg

Lithos: Repro Ludwig, Zell am See

Druck: Appl, Wemding

Bindung: Sellier, Freising

Fotoproduktion: Studio L'Eveque, Harry Bischof & Tanja Major (Styling) Jan Rickers (U1, U4 li., S. 19)

Weitere Fotos: Bilderberg: S. 56. Corbis: S. 8, 10, 20, 25. Folio: S. 12. Getty: S. 26. GU-Archiv: S. 15 (Wagenhan), 32, 36, 58 und U3 re. (Stiepel), 38 (Dipl. Ing. Dieter Knapp), 39 und 49 (Rickers), 41 (Valdivieso), 42 und 43 (Weber), 54 (Hoernisch). Jump: S. 2, 28, 31, 50, 51, 128 re. Mauritius: S. 11 und 52.

Illustrationen S. 42f.: Heidemarie Vignati

ISBN 3-7742-7694-3

Auflage:

5.	4.	3.	2.	1.
2009	2008	2007	2006	2005

Ein Unternehmen der
GANSKE VERLAGSGRUPPE

DAS ORIGINAL MIT GARANTIE

Ihre Meinung ist uns wichtig. Deshalb möchten wir Ihre Kritik, gerne aber auch Ihr Lob erfahren. Um als führender Ratgeberverlag für Sie noch besser zu werden. Darum: Schreiben Sie uns! Wir freuen uns auf Ihre Post und wünschen Ihnen viel Spaß mit Ihrem GU-Ratgeber.

Unsere Garantie: Sollte ein GU-Ratgeber einmal einen Fehler enthalten, schicken Sie uns das Buch mit einem kleinen Hinweis und der Quittung innerhalb von sechs Monaten nach dem Kauf zurück. Wir tauschen Ihnen den GU-Ratgeber gegen einen anderen zum gleichen oder einem ähnlichen Thema um.

GRÄFE UND UNZER VERLAG
Redaktion Körper & Seele
Postfach 86 03 25
81630 München
Fax: 089/41981-113
E-Mail: leserservice@
graefe-und-unzer.de

Umwelthinweis

Dieses Buch wurde auf chlorfrei gebleichtem Papier gedruckt. Um Rohstoffe zu sparen, haben wir auf Folienverpackung verzichtet.

Die **GU-Homepage** finden Sie unter **www.gu-online.de**

GU RATGEBER GESUNDHEIT
Expertenrat zu aktuellen Gesundheitsthemen

ISBN
3-7742-6428-7
128 Seiten | € 12,90 [D]

ISBN
3-7742-6429-5
128 Seiten | € 12,90 [D]

ISBN
3-7742-6646-8
128 Seiten | € 12,90 [D]

ISBN
3-7742-6431-7
128 Seiten | € 12,90 [D]

Mit diesen Büchern macht es Spaß, sich auf ganz natürliche Weise gesund zu erhalten. Konkret und praxisnah, mit hilfreichen Tipps, exakten Anleitungen und wirkungsvollen Kurzprogrammen.

WEITERE LIEFERBARE TITEL:

➤ Laborwerte – klar und verständlich

➤ Osteopathie – Schmerzfrei durch sanfte Berührungen

➤ Der Weg zum Superhirn – Schlauer, schneller, kreativer

Willkommen im Leben.

Änderungen und Irrtum vorbehalten.

Das Wichtigste auf einen Blick

Finden Sie Ihren Stein

Ob Aura-, Seelen-, Kosmos- oder Partnerstein – hören Sie bei der Auswahl auf Ihre innere Stimme. Durch Wahrnehmungstraining lässt sich die Sensibilität steigern und Sie werden lernen, Ihrer Intuition zu vertrauen. Auch der kinesiologische Muskeltest kann Ihnen helfen, den passenden Heilstein zu finden. Navigationshilfe bei der Steinsuche bietet zudem die Astrologie; da beim Entstehungsprozess der Mineralien kosmische Einflüsse eine Rolle spielten, ist jedem Tierkreiszeichen ein Stein zugeordnet. Nicht zuletzt hilft das Edelstein-Lexikon in diesem Buch weiter; es erläutert detailliert die jeweilige Wirkung der Steine auf Körper und Seele.

KETTE ODER RING – WIE SIE HEILSTEINE TRAGEN

Wenn Sie einen Rohstein oder Handschmeichler Ihrer Wahl in der Jacken- oder Hosentasche bei sich tragen oder sich mit Edelsteinen – als Anhänger, Ring oder Brosche gearbeitet – schmücken, kann sich die heilende Schwingungsenergie der Steine entfalten.

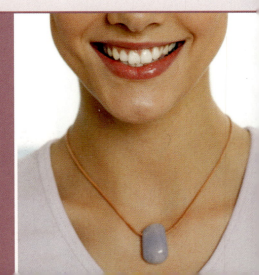